« *La modestie est une vertu,*
la timidité est un défaut »

Thomas Fuller

« *Et si c'était l'inverse ?*
La modestie est une malheureuse vertu et
la timidité un merveilleux défaut ! »

Daisy Ray

DAISY RAY

LA TIMIDITÉ EST-ELLE UN MERVEILLEUX DÉFAUT ?

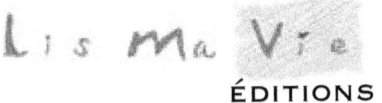

ÉDITIONS

PROLOGUE

Comment commencer une biographie, qui en réalité, n'en est pas une ? Je prends la plume pour relater l'expérience insensée de ma vie. Aujourd'hui, en l'an 2063, tout le monde écrit ses mémoires, cela est devenu incontournable dans une vie. Personnellement, je n'en éprouve pas le besoin, puisque, à 62 ans, je me retrouve sans enfant et que je m'interdis de procréer à mon âge. À première vue, je n'ai donc rien à transmettre à ma descendance... Mais, je dispose de beaucoup mieux : un scoop universel, une expérience unique et révolutionnaire.

Par politesse je me présente, je me prénomme Gildas Huvelle. Je suis né en début de siècle, le 23 août 2001 précisément. J'ai commencé ce livre en mai 2026 et l'histoire contée décide d'elle-même de s'arrêter courant 2063, soit trente-sept années plus tard...

Je vous rassure, je ne vis pas de l'écriture, car passer plus de la moitié de son existence à écrire un seul livre serait, vu mon âge, bien loin d'être rentable. Dans ce récit, je me permets d'utiliser quelques néologismes, que vous trouverez uniquement dans un dictionnaire récent, édité après 2060. Je ne suis donc pas un écrivain chevronné, non, je suis chercheur. Actuellement je suis encore en fonction, c'est pourquoi je ne nommerai aucun nom des centres de recherches pour lesquels j'ai œuvré et vous allez très vite comprendre pourquoi.

Dans ces quelques pages, je vais vous relater une de mes expériences, celle qui m'apparaît comme étant la plus grandiose. Je vous présenterai le fruit de quelques années de travail. J'ai choisi de consacrer ma vie à la recherche. J'ai été désigné comme étant le plus jeune chercheur d'Europe. J'ai très vite compris que ce domaine était différent de tous les autres corps de métiers, car certains scientifiques manquent cruellement de temps pour mener à bien leurs diverses expériences et, souvent, la durée d'une vie ne suffit pas. J'ai donc opté de travailler jours et nuits pour avancer deux fois plus vite, quand cela le nécessitait, notamment pour des expériences délicates et envoûtantes.

Passionné par mon métier, à 62 ans, célibataire et sans enfant, je suis satisfait de mes choix, de ma vie, j'ai réussi ce que j'ai fait. Si j'avais décidé de me marier et de procréer, je n'aurais pas pu consacrer suffisamment de temps et d'attention à mon épouse ou à mes petits. Or, je ne conçois pas de créer une famille pour me rassurer et pour être entouré quand j'en éprouve égoïstement le besoin. Recevoir est formidable si l'on donne également. Un homme poli et bien éduqué ne peut décemment pas accepter de recevoir en continu de manière unilatérale.

En ce qui me concerne, mon métier ne m'octroie pas assez de liberté pour donner du temps aux autres quand ils en expriment le besoin. Pour ces raisons, j'ai décidé en accord avec la science que je ne deviendrai ni un époux bas de gamme, ni un père de famille non exemplaire. Je suis et resterai un scientifique, un point c'est tout… Et c'est déjà beaucoup !

Assez parlé de moi, passons à l'histoire, à l'expérience scientifique la plus osée, la plus insensée qui existe à ce jour. Au cours de cette narration, certains membres de ma famille seront mentionnés ; ma sœur Marielle, ma cadette de trois ans le sera quelquefois, mon père Albin, très rarement, ma mère Céline, exagérément, et pour cause, elle se trouve au centre de mon expérience…

CHAPITRE I

Ma sœur Marielle et moi avons un quotient intellectuel élevé. Enfin depuis que la notion de "surdoué" a disparu au profit du terme de douance, il paraît que c'est plus facile à vivre, nous assure Maman, dès le plus jeune âge. Elle répète souvent : « Le problème c'est que tout ce qui n'est pas standard effraye encore... »

Lorsque je fréquente l'école primaire, c'est-à-dire de 2006 à 2010, les cas de douance sont loin d'être simples. Ces enfants plus intelligents que leurs professeurs ne peuvent pas poursuivre une scolarité traditionnelle, sans se faire remarquer de quelque manière que ce soit. Cela peut être par des résultats scolaires excellents, les filles en général ou par des résultats scolaires désastreux, souvent les garçons. Les filles assument davantage leurs différences. D'ailleurs, elles recherchent la singularité, alors que les garçons développent très tôt le besoin d'appartenance et craignent le rejet. La volonté au masculin consiste à se fondre dans un groupe de copains, de s'y sentir bien, donc accepté.

Maman nous explique, à ma sœur et moi, ce que signifie l'étiquette "intelligence supérieure" qu'un instituteur maladroit nous a, en quelque sorte, collée sur nos fronts. Maman compare l'intelligence à de la nourriture. Elle explique que certains aliments appartiennent à la famille des glucides : « Imaginons que l'intelligence de notre famille se prénomme Glucide. Il existe deux sortes de glucides : ceux dits à absorption lente et ceux assimilables rapidement. » Elle nous regarde droit dans les yeux et nous désigne de son index gauche avant de poursuivre : « Vous faites partie de la famille des Glucides rapides, vous bénéficiez donc d'une intelligence à grande vitesse. » Maman continue son exposé et nous met en garde : « La plupart des copains et adultes qui vous entourent ont une intelligence plus lente et font partie d'une autre famille, celle des glucides lents. » Elle illustre enfin ses propos en prenant l'exemple d'une autodictée : « Pour obtenir un vingt sur vingt à l'autodictée, les élèves de la famille des glucides lents passeront vingt minutes pour bien mémoriser et connaître parfaitement tous les mots et la ponctuation de cet exercice, alors qu'un élève de la famille des glucides rapides lira une ou deux fois l'autodictée et mémorisera exactement le tout en moins de cinq minutes. » Maman nous dévore du regard, ses yeux expriment à la fois de la fierté, mais aussi une sorte d'inquiétude.

Quand nous sommes à l'école primaire, elle nous parle de l'importance de connaître ses capacités et surtout d'en faire bon usage : « Si un élève sait qu'il apprend plus vite que les autres et qu'il nargue ses copains, il est certain que le petit être "dit intelligent" n'aura pas beaucoup d'amis, mais probablement beaucoup d'ennuis ! Dans la vie, il faut connaître ses capacités et respecter celles des autres. En fait, les informations circulent et se stockent plus ou moins vite et facilement dans certains cerveaux. »

Lors d'une autre conversation, Maman multiplie ses illustrations. « Les hommes se différencient les uns des autres, non seulement par leur couleur de peau, la teinte de leurs cheveux, leurs yeux, leur taille ou leur poids, mais également par leur composition interne. » Une fois tous ces propos assimilés, Maman arrive là où elle veut en venir : « Dans la composition interne de chaque être humain, on s'est aperçu que l'intelligence comportait deux aspects. Nous connaissons depuis longtemps le quotient intellectuel, le fameux QI et nous parlons depuis peu du quotient émotionnel dont l'abréviation est QE. Une personne à fort quotient intellectuel, mais avec un faible quotient émotionnel ne parviendra que difficilement à atteindre ses objectifs personnels. Toutefois, elle peut y arriver dans le meilleur des cas. Les personnes qui réussissent, à coup sûr, ce qu'elles entreprennent bénéficient d'une alchimie positive entre le QE et le QI. Le quotient intellectuel permet de mesurer la capacité de votre cerveau, c'est comparable au fait de connaître la taille du disque dur de votre ordinateur. Mais l'avenir réservé aux gens ressemblant à un ordinateur me paraît maussade. Qui voudrait se marier ou simplement bavarder avec un ordinateur ?

Le quotient émotionnel est représenté par le câble USB branché sur votre ordinateur. Ce fil épais transporte des informations vers l'extérieur. Son rôle est d'apporter de la chaleur humaine aux informations transmises, ce câble y ajoute parfois des émotions. Ce lien est nécessaire pour établir, entretenir et réussir des relations avec autrui.

À partir de ces deux aspects, comment procéder pour s'entendre avec ses pairs, alors que votre intelligence dite supérieure vous éloigne des autres ? Quand vous n'êtes pas sur la même longueur d'onde que vos amis, vous devez vous adapter, les écouter, les comprendre. C'est ainsi que vous deviendrez accessibles et vous serez alors, à votre tour, compris et acceptés. Enfin, votre quotient intellectuel n'intéresse personne, ce n'est pas un diplôme que vous avez obtenu par votre travail, c'est un acquis. Et comme tout ce qui vous appartient, vous êtes libres d'en disposer comme vous le souhaitez. C'est-à-dire à bon ou à mauvais escient. Le fait de naître avec ces facultés ne vous donne aucun droit supplémentaire. Beaucoup de personnes n'aiment pas ce qui ne leur ressemble pas et craignent ce qu'elles ne comprennent pas. Vous n'êtes pas des monstres, pourtant vous pouvez faire peur aux autres. Si vous avez bien suivi mon raisonnement, il n'y a donc qu'en développant votre quotient émotionnel que vous serez admis par les autres enfants de votre âge. »

Voilà l'une des premières théories que Maman nous a énoncées. Il semble que Marielle et moi avons suivi ses conseils, car nous grandissons heureux, à la fois au sein de notre famille et en dehors du cercle familial.

Je stationne ma voiture devant la vaste maison lorraine de mes parents. Je sais que mon père est en déplacement. J'imagine ma mère, seule, affairée par ses habituelles occupations dans ce magnifique plain-pied, acquis suite aux départs de leurs enfants chéris du cocon familial. D'abord contrarié de perdre la maison de mon enfance, j'ai fini par comprendre et accepter leur choix.

Mes parents forment un couple exemplaire, oui, ils se sont vraiment bien trouvés l'un l'autre. Leurs points communs sont l'intelligence de caractère, l'humour et ils ont chacun un physique très séduisant ; ma mère comme mon père dégagent une beauté naturelle et sympathique. Pour moi, ils sont parfaits tous les deux, mais combien de fois ai-je entendu ma mère me parler de sa timidité, de sa "tare", elle a mis des années à la combattre. Elle estime qu'elle a perdu beaucoup trop de temps. Elle espère de tout cœur que ses enfants échapperont à "cette maladie". Maman définit la timidité comme telle pour deux raisons optimistes : la première réside dans l'espoir d'en guérir un jour en recherchant les "médicaments" adaptés, la deuxième consiste à éviter le développement de "la maladie" chez les enfants. C'est un sujet qu'elle aborde de temps à autre, à l'occasion d'une de ces conversations, elle me confie que sa vie aurait été probablement très différente, plus légère et plus libre. La timidité pèse lourd et ralentit la marche de la vie. Parfois, ma mère semble regretter ses choix de jeunesse. Un jour, je me permets de lui en faire la remarque. « Non, me répond-elle, spontanément, je suis intimement convaincue que mon chemin de vie aurait été différent si j'avais grandi non-timide. À 23 ans, alors que je sortais d'une rupture amoureuse, je me suis clairement posé la question, à savoir : quel choix de vie suis-je en mesure d'assumer ? Partir aux Maldives sur un bateau de plongée et vivre au jour le jour, prendre le risque de ne jamais me marier et de ne jamais avoir d'enfants ou rester en France, en vue d'avoir une vie bien rangée (trouver un travail honorable, un bon mari et essayer de faire de beaux enfants). La réflexion a été prompte et la réponse quasi-immédiate. Ma timidité a, très probablement, orienté ma réponse, mais je le ne regrette pas. Je n'aurais pas assumé la première hypothèse. Comme j'ai réussi tout ce que j'ai entrepris dans le chemin de vie choisi, cela m'a beaucoup aidée à me sortir définitivement de la timidité. Et puis, j'ai été mille fois "récompensée", car non seulement j'ai trouvé un très bon mari, mais en plus j'ai eu deux enfants "parfaits" ! Ta sœur est une artiste, c'est une fée : tout ce qu'elle touche brille. Elle réussit dans chacun des domaines qu'elle explore. Toi, tu as déjà ta petite renommée dans la recherche, tu es brillant et la cerise sur le gâteau c'est que tu me parais très heureux. Et moi, j'ai grandi, j'ai mûri, j'ai travaillé, j'ai trouvé une certaine sérénité, je suis très active et tout cela me plaît, alors que demander de plus ? Non, je suis finalement contente d'avoir été timide et d'avoir mené une vie normale. »

C'est étrange de penser de nouveau à tout cela, aujourd'hui. Nous sommes le 21 mars 2026 et Maman fête ses 50 ans. Je tiens entre mes mains un cadeau atypique et j'appréhende réellement de le lui offrir.

Je rassemble toute mon énergie, car je manque cruellement de sommeil ces derniers temps et les journées sont souvent longues et difficiles.

Je sors de la voiture, je me dirige vers la porte d'entrée, quand je m'apprête à sonner, la porte s'ouvre et Maman m'accueille avec un large sourire, comme à son habitude.

Il est vrai que la relation mère-fils est une relation privilégiée, Maman et moi sommes en osmose, je l'idolâtre et elle me le rend bien... à moins que ce ne soit l'inverse !

Maman m'embrasse et me libère de toutes mes réflexions. Elle a vu ma voiture stationnée devant le garage, c'est pourquoi elle a été si prompte à ouvrir la porte d'entrée. Nous nous dirigeons vers le salon. Après les traditionnelles phrases d'accueil et une fois assis sur le canapé, je décide d'aller droit au but :

« Maman, j'ai un cadeau hors norme pour tes 50 ans.

– Je vais être grand-mère ?

– En quelque sorte !

– Je te préviens, je ne veux plus de chien, je te l'ai déjà dit. Quand il est là, c'est toute une organisation et quand il part, cela fait trop de peine.

– Non, non, je te rassure, il ne s'agit pas d'un animal.

– Tu as une nouvelle fiancée ? Enfin, ce n'est pas forcément une bonne nouvelle, j'aime bien Amal, et tu le sais.

– Je sais, je sais. Non, ça n'a rien à voir avec Amal, tu ne peux pas trouver, c'est un cadeau unique que personne d'autre que moi ne peut t'offrir, simplement j'ai peur de tes réactions.

– Tu sais bien que n'importe quel présent de ta part me fait toujours plaisir. Voyons… de quoi as-tu peur ?

– C'est-à-dire que ce n'est pas un cadeau comme les autres, c'est une première mondiale… »

Le visage de ma mère devient pâle, Maman comprend la gravité du cadeau mystérieux, son ton se fait moins léger :

« Est-ce le résultat d'une de tes expériences secrètes ?

– Oui.

– Je pense qu'il est temps pour toi de m'en dire davantage, je suppose que de toute façon, c'est déjà fait.

– Oui.

– Je t'écoute ! »

J'utilise le support que j'ai pris soin d'emballer avant de débarquer chez ma mère :

« Tiens, ouvre ! »

Je lui tends ce paquet si léger puisqu'il ne contient qu'un courrier. Maman, qui est restée debout jusqu'à présent s'assied instinctivement. Elle repense, j'en suis certain à mes précédentes paroles « *C'est unique* » « *Je suis la seule personne au monde qui puisse t'offrir ceci* » « *peur de tes réactions* ». Maman déchire le papier cadeau, trouve l'enveloppe, la décachette, sort la feuille qui s'y trouve et m'interroge :

« C'est l'acte de naissance d'une petite fille prénommée Célia Di-Capria qui est née aujourd'hui, soit le même jour que moi, mais avec un léger écart d'une cinquantaine d'années ! C'est ton enfant oui ou non ?

– En quelque sorte.

– Tes "en quelque sorte" m'agacent ! Explique-moi clairement pourquoi cette naissance est-elle censée représenter mon cadeau d'anniversaire ? Je n'y comprends RIEN.

– Bon calme-toi, je vais tout t'expliquer en essayant de rester simple, mais de manière chronologique, d'accord ?

– Je t'écoute.

– Es-tu informée des recherches scientifiques depuis ces vingt dernières années, concernant le clonage ?

– Non, mis à part l'année de mes 20 ans où il y a eu Dolly, la première brebis clonée. Peu de temps après la médiatisation de cette naissance, je me souviens d'une conversation de mes parents sur le sujet, où ils évoquaient les dires d'Alain Delon, un acteur très connu à l'époque, ce personnage aurait parlé de certains progrès scientifiques. Il proclamait qu'il serait bientôt possible d'avoir son clone dans un placard, pour prélever un organe, si jamais on tombait gravement malade au cours de sa vie... Certains détails m'échappent, mais je me rappelle de quelques bribes de cet échange, car le sujet m'avait interpellé... Rassure-moi, ce n'est pas mon cadeau ? Pourquoi me parles-tu de clone ?

– Je t'explique dans l'ordre, comme convenu, si tu le veux bien.

– D'accord, oui, mais avec toi... Tu te rappelles le jour où je t'ai emmené à la cité des sciences à Paris ?

J'acquiesce de la tête et Maman poursuit :

– Tu es resté trois heures à tout lire sur les gênes des hommes puis à observer les souris clonées. Il y avait cinq petits mammifères naturalisés. Une souris était atteinte de la maladie d'Alzheimer, sa voisine avait du diabète, etc. Et toi, tu étais choqué par ce que tu avais compris : l'Homme avait réussi à créer cinq souris identiques, tout cela pour leur transmettre une maladie. Cette expérience te laissait perplexe. Tu m'as alors posé la question suivante : « *Ne peut-on pas ajouter une qualité à un clone, plutôt qu'une maladie ?* »...

– Oui ! Et tu m'as répondu que ces expériences étaient probablement discutables, mais également nécessaires pour faire avancer la recherche. Tu as complété en m'expliquant que si les hommes implantent des maladies aux souris "cobayes" c'est pour essayer de trouver un remède et pour soigner toutes les personnes atteintes de ces maladies actuellement inguérissables. Ensuite, tu as ajouté que dans la vie quand on entreprend quelque chose, on ne sait pas toujours si ce que l'on est en train de faire est positif ou négatif. Puis tu as conclu, en disant qu'il faut parfois attendre plusieurs années avant d'obtenir une réponse à cette interrogation.

– Tu t'en souviens !

– Bien sûr, Maman. Comme si c'était hier, c'est sûrement cette visite qui m'a orienté dans mes choix d'étudiant quelques années plus tard.

– C'est vrai, cette visite t'avait considérablement marqué. Bien, revenons à "mon cadeau"…

– Oui, dans l'ordre donc, des chercheurs du Roslin Institute d'Édimbourg en Écosse donnent naissance à Dolly le 5 juillet 1996. L'évènement est communiqué à la presse courant février 1997. Cette révélation est incontestablement le début d'une longue aventure. Pendant la vingtaine d'années suivant la naissance de la brebis clonée, les recherches se sont amplifiées. Les chercheurs travaillaient jours et nuits, stimulés par une éventuelle découverte. Or, en 2016, Bingo. Elton Holtz découvre que l'on peut modifier le comportement du clone par rapport à son "modèle original" en bouchant tout simplement certains circuits neurologiques. Cette découverte bouleverse le monde du clonage. Toi, qui es passionnée par toutes les avancées technologiques et scientifiques, tu as dû en entendre parler, non ?

– Oui, c'est exact. La presse a bien abordé ce sujet, mais l'actualité a rapidement repris le dessus.

– Eh bien, j'ai rencontré Elton Holtz, il m'a parlé longuement de ses expériences et de la manière dont il a procédé. Il m'a énuméré toutes ses hypothèses de travail. Comme tout bon chercheur, Elton note méthodiquement le travail accompli. Une journaliste a fait un article sur cette découverte sans égal. »

Je tends la coupure de presse à Maman, qui parcourt attentivement l'article :

« *Le 13 mars 2016, une découverte changeait l'humanité. Jusque-là l'homme savait cloner des hommes, cela faisait partie des acquis, maintenant l'homme peut programmer le clone. Avant cette découverte, les gênes du modèle et du clone étaient parfaitement identiques. Après cette avancée scientifique, un clone peut être différent de son modèle, légèrement différent. Par exemple, il est possible de diminuer la nervosité du clone par rapport à son modèle, de le rendre moins actif, moins méchant, etc. C'est cette découverte qui rend aujourd'hui célèbre Elton Holtz, un chercheur canadien arrivé en France il y a cinq ans.*

D'autres expérimentations sur les rats confirment une longévité plus grande, près de 30 % supérieure à la durée de vie moyenne d'un congénère ! Ces résultats n'étonnent pas Elton, il considère que les gens nerveux, râleurs et agressifs sont en perte constante d'énergie utile. Cette expérience démontre qu'une énergie mal dirigée ou mal gérée entraîne des perturbations usantes pour le cerveau, voire même pour le corps en général.

Cette révélation peut changer l'évolution de l'homo sapiens sapiens.

Sans agressivité, les problèmes se résoudront sereinement. Les automobilistes ne se tueront plus pour une place de parking, sous prétexte que l'un l'a vue avant l'autre. Les enfants et les parents retrouveront un mode de communication normal... peut-être ! Les guerres existeraient-elles si plus personne ne présente une once d'agressivité ? Incroyable !

Elton imagine un monde où l'agressivité aurait disparu, tout comme certaines maladies. Irons-nous vers un monde meilleur ? Il reste persuadé que l'agressivité dévore une grande part du gâteau "ÉNERGIE" produit par le cerveau. Pour Elton, en anéantissant ce bouffeur d'énergie, les circuits neuronaux retrouvent une fluidité exceptionnelle et un flux plus régulier... cela se traduit par 30 % de longévité en plus, tout de même ! Oui, l'énergie dite négative endommage le cerveau et le corps. Elle est destructrice. Elton a des craintes, il imagine le pire...

Les mauvais médecins, pour avoir de l'emprise sur leurs patients réticents, pourraient les vacciner sans leur consentement. Elton poursuit ses hypothèses et voit un monde avec ceux qui vaccinent d'un côté et les vaccinés de l'autre... Quelle horreur !

Maintenant que vous connaissez cette avancée scientifique et ses possibles dérives, espérons que les scientifiques feront bon usage de cette extraordinaire *découverte…qui pourrait permettre de rendre l'homme meilleur !* »

Maman termine sa lecture, lève les yeux, l'article ne l'a pas vraiment rassurée sur son présent. Elle me rend mon bout de journal et dit :

« C'est effectivement passionnant et affolant à la fois. On croirait un article écrit par Aldous Huxley ! Écoute, je crois être prête à entendre ce qu'est véritablement "mon cadeau".

– Maman, tu sais combien je t'aime et toute l'admiration que j'ai pour toi. Or, tu as connu des situations difficiles et tu as toujours reporté cela sur le compte de ta timidité. Les rares fois où tu t'es exprimée sur le sujet, ton corps ressemblait alors à un immense point d'interrogation. « *Si j'étais moins timide, j'aurais entrepris d'autres choses et ma vie eut été très différente* » Voilà la question qui prend tant de place en toi, je crois…

– Oui, c'est parfaitement cela. Même si je suis beaucoup moins réservée aujourd'hui, je reste persuadée que ma vie n'aurait pas été la même.

– Un jour, suite à une expérience nouvelle, j'ai réussi à affiner les recherches d'Elton Holtz. Je suis en mesure d'implanter une qualité ou de neutraliser la timidité sur un clone. Je choisis pratiquement à cent pour cent ses qualités et ses défauts. Aussi pour revenir à ton cadeau unique, Maman, je t'offre pour tes 50 ans la réponse à ta grande question. Une réponse qu'aucun autre mortel ne peut actuellement obtenir. Ton cadeau, c'est effectivement Célia Di-Capria, ton clone, qui est née le 21 mars 2026 à 12 h 45, comme toi le 21 mars 1976 à 12 h 46. La seule autre différence, à part l'année de naissance et une minute de décalage, c'est toi en non-timide. Son nom scientifique est *"Doppia Vita"* ce qui signifie double vie en italien. J'ai opté pour une dénomination italienne car c'est grâce à Liborio, un confrère italien que cette expérience a abouti. »

Après une courte pause, je reprends :

« Le commun des mortels a, tout au mieux, une vie bien remplie, toi, je te permets d'éprouver d'exceptionnelles sensations en observant cette enfant, puis cette adulte. Tu verras si ses choix sont complètement différents des tiens. Ça va, Maman ?

– Moyen.

– Oui, je sais : tu es partagée entre une immense joie que tu qualifies d'égoïste – et tu te l'interdis – et un sentiment de colère vis-à-vis de moi parce que tu penses que je n'ai pas le droit de faire ça.

– Exact.

– Bats-toi contre toi-même et cesse de te traiter d'égoïste. Par rapport à cette expérience, dis-toi simplement que je ne fais de mal à personne, bien au contraire : j'ai donné la vie à un bébé. Ce bébé deviendra une jolie jeune fille intelligente, drôle, gentille et pas timide.

– C'est sûr…

– En plus, j'ai remplacé le malheur par du bonheur dans une famille.

– Ah oui ?

– Oui, une femme a accouché ce jour d'un bébé mort-né... mais elle n'en saura jamais rien. J'ai passé le dernier mois à étudier toutes les analyses des femmes enceintes dont le terme était estimé entre le 20 et le 22 mars et qui avaient déjà un garçon de deux ans environ. Ce frère permet à la famille d'accueil de Célia de ressembler à ta propre structure familiale.

– Elle n'en saura jamais rien... ?

– Bien sûr que non, et tu sais très bien que, d'un point de vue psychologique, c'est beaucoup mieux comme cela.

– Pour le bébé mort aussi ?

– Oui, le monde appartient aux vivants, n'est-ce pas ta phrase favorite ?

– Si, pourtant...

– Personne ne pouvait rien faire pour sauver ce bébé. Cela fait trois mois que j'arpente la région pour rechercher la famille et la date de naissance se rapprochant le plus des critères recherchés. Sur une centaine d'analyses étudiées, trois résultats présentaient une anomalie fœtale non décelée par nos super médecins qui savent tout !

– Comment est-ce possible ?

– Parce que les docteurs actuels n'ont plus de qualifications dans le domaine obstétrique. Souviens-toi, quand tu étais enceinte de moi, il existait encore des gynécologues obstétriciens, des médecins spécialistes qui s'occupaient de suivre les grossesses des femmes, de les assister médicalement lors de leur accouchement. À la base, ces médecins recevaient toute personne ayant des soucis gynécologiques et certains étudiaient et remédiaient parfois à certaines formes de stérilité. Puis, il y a eu toutes ces réformes visant à remettre la trésorerie, de ce qui s'appelait alors la Sécurité Sociale, à flot. Cette réforme, faite discrètement, presque secrètement, a été une véritable catastrophe par sa cause et par ses conséquences. La cause correspond au résultat d'une succession d'abus colossaux. Depuis les médecins, par choix financier, ne se dirigent plus ni en pédiatrie, ni en gynécologie-obstétrique… Avant les médecins étaient spécialisés, aujourd'hui, ils se sont éparpillés ! »

Maman me ramène aux trois analyses présentant une anomalie :

« Qu'est-il advenu de ces trois bébés ?

– D'après des analyses très poussées et validées par d'autres chercheurs, ces trois bébés avaient chacun une chance infime de survivre au sortir du ventre de leur génitrice. La première femme a accouché hier le 20 mars, le bébé n'a pas survécu, il est mort une heure après. La deuxième femme a donné la vie aujourd'hui, le 21 mars à 12 h 45, le bébé était mort-né, le personnel était réduit. Une seule personne de l'équipe médicale a été informée de ce qui s'est passé, enfin en partie. Cette personne était entourée d'une équipe de chercheurs pour cet accouchement. C'est une personne de confiance qui est tenue au secret médical. Les raisons fournies, concernant cet échange, sont d'ordre médical. La troisième femme accouchera vraisemblablement cette nuit ou demain matin. Ce qui est extraordinaire, c'est l'heure de naissance de "Célia" : 12 h 45, cela correspond à une minute près exactement à ton heure de naissance…

– Le terme semble approprié, toute cette histoire paraît extraordinaire et surtout *extranormesque* !

– *Extranormesque* ?

– Oui, qui sort complètement des normes, de nos repères…

– Bon, Maman, je conçois la difficulté d'encaisser tous ces faits en quelques minutes seulement, mais raisonne, s'il te plaît, comme tu me l'as toujours inculqué, c'est-à-dire de manière po-si-ti-ve.

– J'essaye…

– Pour te rassurer, je ne suis pas en infraction, j'ai obtenu les accords indispensables des services internationaux de recherches et de toutes les hautes instances secrètes concernées.

– Si tout le monde est d'accord, je m'en réjouis !

– Aucun civil n'est au courant à part nous deux, il ne faut absolument pas en parler à une troisième personne. Secret de trois, secret de tous.

– Et le médecin ?

– Le médecin ne dira rien, il ne sait pas qu'il s'agit d'un clone. Il croit que c'est un bébé abandonné à la naissance. Il ignore que Célia c'est toi, il ignore l'existence de la mention "*clonée non timide*" qui figure dans le dossier de départ.

– Et les personnes qui fournissent les autorisations ?

– Le silence fait partie de leur profession, mais pour en être bien certain, ces personnes donnent leur accord sur un principe, ils ne connaissent pas l'identité du demandeur, aucun élément pouvant localiser l'expérience ne leur a été communiqué. Ils ne savent même pas le pays où cela va se passer.

– Le monde du silence, quoi !

– Oui, comme une plongée sous-marine ! »

Maman me semble déboussolée, je pense avoir bousculé beaucoup de ses principes d'un seul coup, je décide de poursuivre pour n'oublier aucun détail :

« Maintenant Célia va grandir. Nous ne la dérangerons pas, nous n'interviendrons à aucun moment dans sa vie. Voilà deux grands principes à respecter. Pour suivre Célia, nous l'avons répertoriée médicalement comme ayant une maladie impalpable et latente. Aussi, quel que soit le médecin chez qui elle se rendra, un compte-rendu exact de l'entretien sera transmis par courriel au centre de recherches "*bla bla bla*", qui n'est autre que mon adresse mail. Les médecins ont pour directive de mentionner toutes les informations obtenues même si ces données ne leur paraissent pas d'ordre médical.

– C'est de l'espionnage !

– Sans doute, mais cela nous est indispensable pour suivre l'évolution de Célia, non ?

– Certainement. »

Un long silence s'installe dans le salon. Puis, Maman reprend :

« Quand vous étiez petits ta sœur et toi, je vous disais toujours qu'il y avait deux manières d'utiliser son intelligence ; soit de travailler dans une banque et d'y évoluer, soit de ne pas travailler et d'organiser des hold-up ! Aujourd'hui, pour quel choix as-tu opté... ?

– Rappelle-toi que je n'ai fait de mal à personne, que j'ai remplacé un bébé mort par un bébé vivant. Le bonheur attendu est bien présent, ce qui inhibe le malheur dans une famille. Arrêtons-nous à un raisonnement exclusivement positif : j'ai créé une vie et donné du bonheur. Focalisons-nous sur le Bien. Dans ce genre d'expérience, nous ne pouvons pas nous permettre d'émettre l'hypothèse que ce n'est peut-être pas si bien que cela.

– Facile à dire ! Gildas, j'ai besoin de réfléchir seule à tout cela. Tu veux bien me laisser, s'il te plaît ?

– Oui, juste une dernière chose : Sache que je l'ai fait par amour et pour la profonde admiration que je ressens pour toi. Rien que pour cela. Tu m'as toujours dit que lorsque l'on a des capacités, il faut avancer, aller au bout de ses rêves et oser les réaliser. Tu vois, il faut faire attention à ce que l'on dit à ses enfants ! Je me sauve, je te laisse réfléchir, bisous Maman.

– Au revoir mon Grand. »

Avant de franchir la porte, je donne à Maman deux photos de Célia. Je me dirige vers ma voiture, Maman reste quelques instants sur le pas-de-porte. Je l'imagine ensuite retourner dans le salon et scruter les photos. Je m'en suis voulu quelque peu de l'avoir laissé seule. Certes, j'ai respecté sa volonté, mais ce cadeau est très perturbant psychologiquement, il peut rendre un être humain fragile.

Je roule doucement vers mon domicile. J'essaye de me concentrer sur ma conduite. Mon esprit est irrésistiblement préoccupé par *le cadeau de Maman*. Je me surprends à constater que je ne doute même pas. Cette idée ne lui déplaît pas, c'est une évidence : je connais parfaitement Maman !

Quelques jours après l'anniversaire de Maman, je l'emmène déjeuner pour connaître l'état d'avancement de ses réflexions par rapport à son cadeau. Elle me semble apaisée, la seule chose qui l'embête c'est de devoir cacher cela à mon père. J'insiste sur l'importance de ne pas élargir davantage le cercle des personnes informées. L'expérience doit rester absolument confidentielle, condition minimale exigée par les autorités pour obtenir l'accord de faisabilité. De plus, je lui dis que Célia et sa famille recevront une bombe à retardement s'ils viennent à apprendre de telles informations. Enfin, je lui explique que si j'ai tout fait pour que la date de naissance de Célia corresponde à la date de naissance de Maman, c'est pour lui offrir un cadeau très personnel. Je trouve que le fait de conserver ce jardin secret, en ne disant rien à mon père, intensifie l'intimité de ce cadeau. Il est primordial de répondre seul à ses questions personnelles. Je me permets d'ajouter que mon père n'a rien à voir dans tout cela, enfin presque !

Ce jour-là, nous convenons avec Maman de déjeuner ensemble le premier mardi de chaque mois afin de l'informer du développement de sa *Doppia Vita*.

Nous entamons ce rituel à compter du mardi 5 mai 2026. À ce premier déjeuner, je suis persuadé qu'à l'occasion de ces échanges, j'entendrai une multitude de « *moi aussi, à son âge...* » Cette série commence par les cheveux. Célia n'a presque pas de cheveux. Maman me montre des photos d'elle petite. Sur les photos, un bébé d'environ dix-huit mois sourit aimablement pour semble-t-il, faire oublier son cuir chevelu, si peu fourni, avec quelques boucles blondes clairsemées. « Même les cheveux seraient timides ? » lance Maman en plaisantant. Ceux de Célia pousseront vers quinze mois, ceux de Maman ont commencé à se montrer vers vingt-trois mois.

Le mardi 2 mars 2027, plusieurs déjeuners ont déjà eu lieu. Dans quelques jours, Célia soufflera sa première bougie, elle marche déjà depuis une semaine. Maman trouve qu'elle est en avance, elle se souvient n'avoir osé se lancer pour faire ses premiers pas qu'à un an révolu.

Le 22 mars 2027, Marielle accouche d'une petite fille. Maman est ravie, elle me téléphone, j'accours. Moins d'une heure après, j'arrive devant chez mes parents, Maman monte dans ma voiture et nous partons en direction de la maternité pour prendre des nouvelles de sa fille et de sa petite-fille. L'évènement était attendu fin mars, le petit bout a décidé de pointer son nez une dizaine de jours avant le terme. Nous entrons dans la chambre, Maman embrasse Marielle, se dirige vers le berceau, se redresse et recule d'un pas, sans prononcer un seul mot. Le teint livide, elle regarde Marielle. Maman semble faire un effort surhumain pour camoufler son malaise. Marielle décide de l'aider en lui lançant : « Elle te ressemble, n'est-ce pas ? C'est ton portrait tout craché ». Maman recouvre ses esprits et demande presque normalement quelle taille et quel poids fait ce beau bébé. Marielle ne répond pas directement à sa question : « Ce bébé se prénomme Céliane, je te présente ta première petite fille ! » Maman retombe dans une panique qu'elle maîtrise laborieusement. Marielle s'en rend compte, elle agit comme si elle ne voyait rien : « Pour répondre à tes questions, Céliane pèse deux kilos neuf et mesure cinquante centimètres. » Mais Maman ne l'entend pas et répète :

« Célia…

– Oui CéliaNE précisément, répond Marielle.

– Mais pourquoi ? Interroge Maman.

– Que se passe-t-il Maman ? S'inquiète Marielle. Tu me parais effrayée depuis que tu t'es penchée sur le berceau. Tu ne te sens pas bien ? Gildas, appelle un docteur !

– Non, ça va aller Marielle, reprend Maman, je suis juste un peu fatiguée…. Mais pourquoi avez-vous choisi Célia comme prénom ?

– CéliaNE ! Rectifie Marielle. Bruno et moi étions d'accord pour ce prénom, quoi qu'au départ j'avais proposé Célia et Bruno préférait Céliane, tu devrais être ravie, à une lettre près, ça ressemble à Céline, comme toi !

– C'est tout de même incroyable ! Persiste Maman.

– Tu trouves ça incroyable toi, Gildas ? » Demande Marielle.

Je réponds à ma sœur :

« Non Marielle, mais Maman t'a dit qu'elle était fatiguée, elle mélange les mots ! Je te rassure, je suis heureux d'être tonton de Céliane, qui ressemble, il est vrai comme deux gouttes d'eau à sa grand-mère maternelle. »

Et j'ajoute stupidement :

« Enfin heureusement que Bruno est intervenu.

– Mais pourquoi, quel problème avez-vous tous les deux ? S'étonne Marielle, qui ne peut évidemment pas comprendre. »

Je décide de stopper là les dégâts :

« Bon allez, Maman, il est temps pour nous de partir ! »

J'embrasse Marielle, lui susurre quelques mots sympathiques pour l'apaiser, Maman s'arrête à une bise pleine d'affection et nous sortons de la chambre.

Je n'adresse pas la parole à Maman. J'ai bien compris qu'elle a été violemment submergée par cette nouvelle vague d'émotions. D'abord, elle a vu le visage de ce bébé et elle a immédiatement pensé au cadeau de ses 50 ans. Ensuite, Marielle lui annonce que le bébé porte quasiment le même prénom que la *Doppia Vita*, cela l'a bouleversée. Enfin, elle est cette fois réellement grand-mère. Triple émotion en un seul évènement.

Je la dépose chez elle, lui demande si tout va bien et si elle peut rester seule. Je lui dis juste : « Heureusement que Papa n'a pas pu venir, il t'aurait posé un millier de questions. » Maman acquiesce, me bise affectueusement et rejoint son domicile. Mon père ne rentrant que demain, cela lui laisse la soirée pour se remettre de cet ouragan émotionnel.

À notre repas du 5 octobre 2027, Célia est alors âgée de dix-huit mois, j'informe Maman qu'elle a fait un bref passage à l'hôpital pour être recousue suite à une chute contre un coin de table en verre. Maman s'exclame :

« Comme c'est étrange, mon frère Cédric m'a poussée quand j'avais deux ans, contre un coin très pointu de la table basse en bois. J'ai également eu droit à quelques points de suture. D'ailleurs, j'ai conservé une marque de la taille d'une pièce de dix centimes quelque part dans mon cuir chevelu. »

Les déjeuners mensuels du mardi se poursuivent, Célia grandit, les médecins qui suivent sa croissance trouvent cette petite fille harmonieuse. À l'école, elle est une élève studieuse, qui apprend vite. Elle sait rapidement lire et écrire correctement.

Quand mademoiselle Di-Capria est au cours préparatoire, le médecin de famille note un incident, il s'agit d'un vol de porte-monnaie. La maman de Célia en a parlé au docteur, car cette histoire avait, semble-t-il, perturbé sa fille. Célia s'est réveillée plusieurs fois les nuits suivantes en hurlant : « C'est pas moi, c'est pas moi. »

Maman est interpellée par cette sombre affaire :

« Je me souviens avoir trouvé un porte-monnaie dans la cour de récréation. Or, je savais à qui il appartenait, car sa propriétaire, une certaine Sylvie, était dans la même classe que moi. Le butin s'élevait à cinq francs, eh oui, la monnaie était le franc ! Et cinq francs, c'était beaucoup pour moi et comme Sylvie était issue d'une famille que je qualifiais de riche, j'ai joué à la fois le rôle de Robin des

Bois et celui du pauvre ! J'ai gardé mon trésor de cour, sans rien dire à personne. Seulement voilà, tout ne s'est pas passé comme prévu. Un autre élève a dû me voir ramasser l'objet précieux et m'a dénoncée. La maîtresse d'école a donc lancé plusieurs appels : « *Si quelqu'un retrouve le porte-monnaie de Sylvie, il faut le lui redonner...* », puis « *Je sais que c'est quelqu'un de la classe qui a trouvé le porte-monnaie de Sylvie dans la cour, il faut donc le lui redonner ou me l'apporter en fin de cours...* » Le plus dur pour moi, n'était pas de rendre le bien, mais d'aller parler à l'institutrice pour lui dire que c'était moi qui avais ramassé l'objet égaré. C'est finalement ce que j'ai réussi à faire en sentant mon visage devenir rouge écarlate, je suis allée rendre le porte-monnaie de Sylvie la riche !

– D'après la maman de Célia, le porte-monnaie n'a pas été retrouvé... »

Les déjeuners se succèdent, la *Doppia Vita* grandit. Célia pratique plusieurs sports : la danse, l'équitation, la natation. Cette enfant, limite hyperactive, semble sympathique, sociable et ce qui ne gâche rien, pleine d'humour. Ses parents lui octroient une grande liberté, canalisée et contrôlée subtilement par le sport.

Maman me questionne un jour sur l'entente de son clone avec José son frère. Je lui donne les informations obtenues d'après les rapports des entretiens médicaux transmis au centre de recherches :

« Célia est très sportive, son frère pratique également une ou deux activités physiques, de ce fait ils ne se croisent pas souvent. Et comme tout le monde le sait, c'est la meilleure des choses pour bien s'entendre dans une fratrie de deux. Ils arrivent tout de même à trouver du temps pour se chamailler, je pense que c'est un mal nécessaire pour grandir. Célia s'entend moyennement bien avec son frère et il paraît qu'elle se fâche régulièrement avec sa mère. L'adolescence risque d'être une période difficile pour la famille Di-Capria. » Maman se souvient de sa propre adolescence :

« Je n'étais pas une enfant difficile, parce que par timidité, je n'osais pas tenir tête à mes parents. Vers 14 ans, je gagnais un de mes premiers combats pour me sortir de cette timidité et le fait d'arriver à m'affirmer face à mes parents faisait, pour moi, partie intégrante du parcours. Les conflits, surtout avec ma mère, se sont multipliés et le seul but pour moi, consistait à évoquer ce que je pensais et expliquer pourquoi je n'étais pas d'accord. Une fois cela énoncé, ma mère s'énervait en général très vite, entrait dans une colère noire et je la laissais là. Pour moi, l'exercice était terminé, j'avais exprimé ce que j'avais à dire. J'avais surtout osé faire face à l'autorité parentale, je m'étais expliquée, mon but étant alors atteint, je me taisais.

– Ce qui signifie que ta mère hurlait et toi tu ne l'écoutais même plus, c'est cela ?

– Tout à fait ! Contrairement à ma mère, j'étais dotée d'un calme olympien, elle pouvait dire toutes les horreurs qu'elle voulait, je n'entendais plus. L'exercice était terminé.

– Cela ne devait pas être facile tous les jours ?

– Ça ne l'était pas ! »

Célia, suite à sa demande, saute la classe du cours moyen deux. Après plusieurs rencontres avec le directeur de l'école primaire, ses parents ont effectué les formalités nécessaires pour répondre favorablement à la requête de leur fille. Célia a rencontré deux psychologues, qui ont validé également sa démarche. À l'annonce de cette nouvelle, Maman, commente :

« C'est étrange, ma *Doppia Vita* Célia a l'air pressée de vivre ! »

Dix ans après la naissance de son clone, Maman prononce pour la première fois le nom scientifique de Célia. Puis, elle poursuit :

« Sans vouloir me vanter, et aujourd'hui grâce à toi, je sais que je ne me trompais pas quand je pensais avoir de réelles capacités. Simplement, pour ne pas me faire remarquer, j'obtenais des résultats moyens ou bons. Je ne rentrais pas à la maison en ramenant une note inférieure à dix ou supérieure à seize. Ne souhaitant pas être une élève remarquée – dans un sens ou dans l'autre – je m'efforçais toujours d'avoir des notes au-dessus de la moyenne, mais pas trop brillantes. Que de calculs pour rester dans l'anonymat !

– Ah oui ! Quand même !

– Oui, être une grande timide c'est du travail, je t'assure ! »

Célia arrive très à l'aise en sixième, c'est une élève brillante, elle adore les langues vivantes. D'ailleurs, dès la sixième elle étudie l'anglais et l'espagnol.

Les quelques cheveux blonds bouclés de sa première année de vie sont devenus bruns, sa chevelure est plus volumineuse. Cette collégienne aux yeux verts, à la beauté naturelle, dégage déjà un charme certain. Au déjeuner du mardi suivant les onze ans de Célia, Maman s'interroge et pense qu'elle devait obligatoirement lui ressembler. Pourtant à son âge, elle ignorait ou refusait de croire qu'elle était jolie ou qu'elle pouvait plaire. Dame timidité frappait déjà fort. Lors de ce repas, Maman me raconte ses souvenirs des cours de langues vivantes :

« Mes parents avaient trouvé judicieux de m'inscrire en Allemand première langue, puisque nous habitions une ville de Lorraine proche de l'Allemagne. Peu importe, allemand ou anglais, les langues vivantes ont été un véritable calvaire pour moi. À chaque interrogation orale, je m'en souviens comme si c'était hier, j'étais terrorisée. Assise sur ma chaise, je restais paralysée. J'aurais payé très cher pour disparaître de cette salle immédiatement. À l'oral, mes notes étaient donc exécrables. En revanche, à l'écrit j'obtenais d'excellents résultats, ce qui me permettait d'avoir une moyenne honorable qui avoisinait les douze sur vingt. C'était le même topo pour parler anglais, parce qu'en plus il fallait émettre des sons inhabituels. C'était, pour moi, comme si on me demandait de chanter devant toute la classe. Timide, comme je l'étais, tu imagines bien l'épreuve que je subissais chaque fois qu'un professeur avait la "bonne idée" de m'interroger. »

En quatrième, Célia est alors âgée de 12 ans. Son professeur de sport organise une sortie piscine avec possibilité pour ceux qui le désirent d'effectuer un baptême de plongée sous-marine, Célia se porte volontaire. À son retour, elle convainc ses parents de l'inscrire dans un club de plongée sous-marine. Elle souhaite arrêter la natation pour la remplacer par ce nouveau sport. Ses parents savent que l'eau est un élément apaisant, ils imaginent Célia immergée dans le monde du silence. Oui, ils sont d'accord, ce sport aquatique lui permettra de canaliser "son hyperactivité" ; ils autorisent leur fille à tenter cette expérience. J'informe Maman de cette décision prise par son clone. C'est alors qu'elle me fait part d'un de ses tourments :

« J'espère que Célia n'aura pas la même destinée que Dolly, notre première brebis clonée, qui a vécu six ans alors que la durée de vie d'une brebis avoisine les onze ans. »

Les recherches sur le clonage sont récentes, un travail conséquent ont permis d'obtenir d'éblouissants progrès scientifiques. Dans notre jargon, nous plaisantons en qualifiant nos travaux de "recherches micro-ondes". Aujourd'hui, le temps de cuisson d'un micro-ondes est entre cinq et dix plus fois plus court que celui d'un four traditionnel ! Le monde actuel évolue de cette manière : tout va toujours plus vite.

CHAPITRE II

En mars 2039, Maman fête ses 63 ans, et mademoiselle Di-Capria ses 13 ans. Le premier mardi d'avril 2039, j'annonce que Célia a eu ses règles quelques semaines avant de souffler ses treize bougies. Cette étape semble raviver quelques souvenirs désagréables à Maman :

« Elle est vraiment en avance sur moi, cette petite. J'ai été réglée tardivement et encore… ! Oui, j'avais largement plus de 13 ans quand ce qu'attendaient toutes les autres filles que moi, est arrivé. Je me suis toujours demandé si c'était par timidité que je refusais d'avoir mes règles, comme ça me gênait j'ai décidé dans ma tête de ne plus jamais les avoir. Et tu sais quoi ?

– Non ?

– Je n'ai plus jamais été réglée !

– Mais tu as eu deux enfants !

– En fait, je n'ai plus jamais été réglée sans prendre un quelconque médicament qui créait artificiellement un cycle. Pour avoir des enfants, j'ai simplement dû prendre un médicament identique au fonctionnement de la pilule, mais non contraceptif.

– J'ignorais tout cela. Et quand tu as accouché, que s'est-il passé ensuite, tu as eu ton retour de couches ?

– Absolument pas ! C'est pour cela que je suis convaincue que sans ma timidité, ma vie eut été différente, tout simplement parce que les prises de décisions conscientes ou non, influent sur notre corps, sur nos réflexions, sur notre comportement et donc sur notre vie quotidienne. Le comique de l'histoire de mes non-règles se passe lorsque j'étais enceinte de toi. En janvier 2001, les médecins s'étonnaient à tour de rôle sur la date de mes dernières règles : le 29 juin 2000, alors que pour moi, et les analyses ont d'ailleurs confirmé cette date, je suis tombée enceinte le 29 décembre 2000. Tout le personnel médical raisonne en semaines d'aménorrhée, c'est-à-dire, le nombre de semaines écoulées depuis la date des dernières règles, tu comprends donc leur désarroi quand je leur montrais mon dossier. Bref, mis à part ce problème de calcul, tout s'est bien passé. Et tu es arrivé le 23 août 2001 avec un bon mois d'avance. Tu étais pressé de me connaître ! »

Ce scoop, aussi ancien qu'en soit le sujet, me fait apprécier de plus en plus nos déjeuners mensuels en tête-à-tête. J'adore ces conversations, sans aucun tabou, avec ma mère.

Maman est une femme rare. Ce n'est pas parce que je suis son fils adoré que je tiens de tels propos, mais toute personne qui observerait ma mère, le dirait aussi. Maman s'est battu enfant, adolescente et jeune adulte contre ce fléau qu'est la timidité et qui l'a rongée. Je l'admire parce qu'elle a choisi de se battre sans connaître la durée de ce combat. Elle n'a jamais baissé les bras en se disant que les non-timides ont pris tellement d'avance sur elle dans la vie, qu'elle ne leur parviendra jamais à la cheville. Il aurait été facile pour elle de reporter tout sur cette timidité et de laisser filer sa vie en laissant les autres faire ce qu'elle mourrait d'envie d'essayer. Maman s'est fixé un parcours de progression, comprenant des exercices, pour atteindre son objectif : vaincre sa timidité. Le premier exercice consiste, par exemple, à regarder droit dans les yeux les gens avec qui elle converse. Ce qui est très laborieux pour une grande timide. Il faut commencer par ajuster son regard juste au-dessus des sourcils, c'est déjà une mini-victoire, car cela oblige à lever la tête et à ouvrir les yeux. Elle me précise qu'il est plus difficile de regarder en face les interlocuteurs aux yeux bleus que les personnes aux yeux bruns. Les yeux clairs la perturbent de par leur beauté, se justifie-t-elle. Et pourtant, elle a elle-même, les yeux assez clairs, puisqu'ils sont verts.

Elle me décrit aussi un autre de ses objectifs, qui consiste à prendre la parole dès qu'elle se retrouve dans un groupe, elle s'exerce ainsi à discourir devant plusieurs personnes. Le but est de se porter volontaire pour effectuer des exposés devant toute une classe. Tout un programme ! C'est intrigant, je me demande parfois, comment peut-on en arriver là ? Comment se fait-il que dans un pays libre, certains évoluent avec des chaînes et des barrières virtuelles omniprésentes ?

Maman se trace donc un parcours de guérison et elle en vient à bout. Dans la vie active, elle a tellement l'habitude de se fixer des objectifs, qu'elle gravit sans aucune difficulté quelques échelons au sein de l'entreprise où elle travaille. Au départ, elle choisit la branche bancaire sans grande conviction, vraisemblablement par peur de tenter autre chose. Elle entre dans une banque française située à proximité de la frontière luxembourgeoise. Pour elle, la seule satisfaction de ces onze années de banque, c'est d'y avoir croisé, par hasard, un jeune homme qui s'appelle Albin Huvelle. C'est avec ce brillant juriste qu'elle se marie, par la suite. Elle évolue tout de même dans cet organisme bancaire et occupe plusieurs postes à responsabilités. Au bout de onze années de bons et loyaux services, Maman bluffe sa direction lorsqu'elle demande une année de congés pour création d'entreprise. Tout le staff se rend d'urgence en salle de réunion pour prendre une décision concernant cette requête. Maman travaille avec quelques dirigeants qu'elle estime, elle les qualifie de "gens humains et intelligents". Elle ne s'est pas trompée à leur égard, en effet ces personnes soutiennent sa demande, prétextant qu'il est inutile, voire dangereux d'empêcher une personne de mener à bien un projet.

Elle obtient donc cette année de congés, qu'elle reconduit une fois. Elle crée une société de services où elle propose l'hébergement et la conception de site internet. A ce moment-là, commerçants et artisans doivent avoir au minimum un site internet. C'est un investissement abordable et incontournable pour tous. Et à cette époque, le logiciel n'était pas inclus lors de l'achat d'un ordinateur, c'est seulement vers 2018, que les pack-ordi (exemple de pack-ordi : Ordinateur avec trente logiciels inclus, plus dix logiciels gratuits à choisir sur internet) seront sur le marché. En deux ans, Maman fait fortune, elle gagne plus qu'en onze années passées à travailler dans le stress.

Elle décide donc de démissionner de sa banque pour consacrer toute son énergie à d'autres projets.

Elle continue l'exploitation de son entreprise de site Internet plusieurs années. Elle travaille à son rythme. Elle peut se le permettre grâce aux quelques deniers qu'elle a soigneusement épargnés pour assurer ses arrières.

À 45 ans, en 2021, Maman ose tenter une nouvelle bataille d'une toute autre envergure que les précédentes. Elle me raconte que quand elle avait dix ans, un certain Coluche a créé les *Restos du Cœur*. Les ouvertures des premiers *Restos du Cœur* ont eu lieu début 1986. Malheureusement, Coluche s'est tué, à l'âge de 41 ans dans un stupide accident de moto, cela s'est passé quelques mois seulement après la concrétisation de son projet. Coluche était à la fois un comique et un acteur. L'idée, qu'a lancée ce personnage hors norme, traduit toute la générosité de cet homme. D'après Maman, ce provocateur était un avant-gardiste. Cet homme a connu les galères des fins de mois difficiles dans sa jeunesse, puis il est devenu célèbre et s'est enrichi. Mais, il n'a vraisemblablement jamais oublié d'où il venait. Il tenait souvent des propos apostrophés, Maman me répète une de ses fameuses phrases : « *Je ne suis pas un nouveau riche, je suis un ancien pauvre.* » S'appuyant sur un schéma similaire et avec cette même philosophie, Maman crée les *Villages du Cœur*. Coluche, par l'intermédiaire de ses *Restos du Cœur,* a souhaité « *offrir un repas à ceux qui n'en ont pas. Il ne leur promettait pas le grand soir, mais juste à manger et à boire.* » Maman par la création de ses *Villages du Cœur* a permis de donner un premier emploi à ceux qui n'en trouvaient pas. Elle ne leur promet pas la gloire, mais juste un regain d'espoir. Son idée reste simple : toutes les entreprises, pour embaucher un employé, demandent de l'expérience, des acquis… Maman, par la création de ce concept, permet à des centaines de personnes de décrocher un premier emploi, une première expérience dans le secteur du bâtiment, dans la moyenne ou grande distribution, dans une banque, dans une clinique vétérinaire, dans un hôpital, dans une école, dans une mairie, dans un hôtel, dans un restaurant, dans une ferme, etc. Maman, en inventant les villages du premier emploi, les villages de la première chance, redonne VIE à certains endroits voués à l'abandon. Elle choisit des villages qui se dépeuplent d'année en année et dont le nombre d'habitants est inférieur à cent cinquante. Au fil du temps, le nombre d'habitant augmente dans ces villages, qui s'animent à nouveau. Une fois cette dynamique instaurée, la joie de vivre revient et gagne tous les villageois. Maman se bat pendant des années, elle affronte des hommes politiques, des responsables de collectivités, elle ne baisse jamais les bras face aux multiples refus, elle les encaisse, elle revient à la charge, elle insiste. À force de ténacité, l'idée des *Villages du Cœur* se concrétise. Maman devient la reine de ces Villages au printemps 2021. Une reine au grand cœur. Quelle ascension ; passer de banquière à reine ! Je suis fier d'elle, de ses combats, de ses réussites.

En 2040, Célia entre en seconde, ses parents lui ont choisi un lycée de très bonne renommée. D'après la conversation, qu'elle a seule avec son médecin de famille, Célia se moque de la qualité de l'enseignement. Ce qui lui importe, avant tout, c'est le taux de sympathie de ses futurs copines ou copains de classe. La pratique de la plongée sous-marine lui permet de côtoyer des adultes autres que ses parents. Elle a la chance de participer à deux sorties qu'organise son club de plongée. En revenant, elle informe ses parents, que dès qu'elle le pourrait, elle se rapprochera de la mer pour pouvoir aller plonger plus régulièrement dans une eau bleue, limpide et accueillante. En effet, habitant également la Lorraine, à environ une trentaine de kilomètres de son clone, Célia a vite compris que dans sa région, les entraînements plongée se limitent à la piscine. Quant aux sorties en milieu naturel, elles s'effectuent dans des lacs vosgiens ou alsaciens ou encore dans les pays limitrophes, soit au Luxembourg ou en Belgique. Les températures de ces eaux oscillent entre froides ou très froides, la visibilité est très faible, voire nulle. De toute façon, il n'y a pas beaucoup plus de poissons à voir qu'en piscine ! Voici plus de trois ans que Célia plonge, elle adore cette activité, et elle connaît les limites de sa région dans ce domaine. Or, elle aspire à plonger, plus souvent en mer de préférence, pour y découvrir toute la richesse des fonds marins, plus fournis en faune et en flore que les lacs.

Nous sommes le premier mardi du mois d'octobre 2040, au début du déjeuner, Maman écoute attentivement mon récit relatant le compte-rendu d'un médecin ayant reçu Célia, dans son cabinet, quelques jours après la rentrée scolaire 2040. Elle prend à son tour la parole :

« Elle sait ce qu'elle veut cette demoiselle. Tu vois, j'ai vraiment l'impression que rien ne l'arrête. Ses parents lui font confiance, lui octroient une grande liberté d'action, il me semble qu'elle est effectivement libre dans sa tête. Toute l'énergie, dont elle dispose, sert à quelque chose d'utile, elle ne se bat pas contre "elle-même", elle ne perd pas d'énergie à redouter une situation, à craindre d'être interrogée par un professeur, elle me semble libre, libre de l'orteil droit à l'hémisphère gauche de son cerveau ! Bénéficier de ce sentiment de liberté à son âge doit être magnifique, je vais finir par avoir des regrets concernant ma vie.

– Non, ton parcours est formidable. Mais je crois que tu as raison de penser que ta vie serait différente sans cette timidité. Célia n'aura probablement pas le même chemin de vie que toi, il faut dire aussi que la société est différente, elle évolue dans un monde qui a cinquante ans de plus que le monde dans lequel tu as grandi. Ne l'oublie pas !

– Je ne l'oublie pas. Je te rassure, je ne regrette pas ma vie. Non, pas du tout. J'ai évolué, j'ai surmonté mes démons, gagné mes guerres, tout cela procure une satisfaction très particulière. De plus, sans cette habitude de "mini-combats", sans doute, n'aurais-je pas eu la force ou même l'idée farfelue des *Villages du Cœur* et quand je vois tout le bonheur que ce concept apporte à beaucoup de personnes, il est impossible de regretter mon parcours. Ma timidité a, pour ce projet, été très utile. En effet, je réfléchissais par deux fois avant de m'exprimer pour ne pas commettre d'impair, ce qui me donnait le temps parfois de ravaler quelques insultes ! Ma réserve était très appréciée parce qu'elle était prise pour de la politesse. Cette expérience m'a obligée à me poser une nouvelle question : la timidité est-elle un merveilleux défaut ?

– Ah oui !

– Oui ! C'est vrai que le cadeau de mes 50 ans est pour quelque chose dans cette réflexion. Cela dit, je ne te cache pas que sa vie me fait un peu peur !

– Pourquoi ?

– Comme je te l'ai dit, nos petites victoires personnelles génèrent une très forte satisfaction. Célia a des projets, elle se fixe des buts, c'est très bien. Elle ne rencontre pratiquement aucune difficulté pour arriver à ses fins : ses parents sont faciles à convaincre et ils lui fournissent les moyens financiers nécessaires pour que tous ses souhaits se concrétisent. Tout cela est parfait d'un côté, mais d'un autre côté, Célia court le risque de s'effondrer au moindre échec. Elle n'est pas habituée à se battre réellement. Cela dit, elle est naturellement, je devrais dire forcément, combative et persévérante, ce sont ces deux qualités qui peuvent la sauver des ennuis qu'elle est susceptible de croiser.

– L'avenir nous le dira. »

Quelques déjeuners passent, une nouvelle année s'annonce, nous sommes en 2041, le seul mardi où notre déjeuner n'a pas lieu est celui de janvier, le premier repas de l'année est toujours fixé début février. J'apprends à Maman que Célia a passé Noël dans la famille de son petit copain. Maman réagit :

« Cela signifie qu'elle a déjà un amoureux, pour passer Noël dans une hypothétique belle-famille à 15 ans. Je te prédis que cette famille deviendra son ex-future belle-famille !

– Tu crois ?

– J'en suis certaine… Surtout si Célia me ressemble !

– Papa n'était donc pas ton premier grand amour ?

– Pas du tout ! J'ai écouté ma grand-mère qui m'avait dit cette phrase qui… déculpabilise : « *Quand on souhaite trouver chaussure à son pied, il faut toujours en essayer plusieurs avant d'acheter la bonne paire !* »

– Ta grand-mère t'avait dit ça ?

– Oui, tu trouves que c'est étonnant pour une "vieille" femme et pour "l'époque" ?

– Non en fait, les hommes et les femmes bénéficient des avancées technologiques, ils adaptent leur comportement à cet environnement toujours en perpétuelle mutation. Mais la façon de penser, pour certains, peut être intemporelle.

– Je suis bien d'accord avec toi, ma grand-mère était une grande visionnaire, tout simplement parce que c'était une femme très lucide.

– Toi aussi Maman, tu es très lucide. Ne crois-tu pas que parfois, c'est cette lucidité qui t'a empêché de vivre en toute insouciance ? Tu mets tout sur le compte de la timidité, mais est-ce que le fait d'être une enfant et une adolescente lucide ne t'a pas limitée pour un bon nombre d'actions ?

– C'est possible, je pense que l'on peut être courageux au départ, et le fait d'être lucide et timide ne permet pas d'être téméraire. Je pense donc que Célia est courageuse et audacieuse.

– Sans doute. Mais dis-moi, peux-tu me parler de l'avant-papa ?

– Si tu veux. C'est étonnant, je pense vous avoir parlé, à toi et à ta sœur, d'un bon nombre de choses sur moi ou sur tout autre sujet, mais effectivement je ne vous ai pas développé grand-chose sur mes amours avant mariage. Mais je sais pourquoi, vous n'avez jamais posé de questions. Ton père et moi formons un bon couple, cela vous rassurait et cela vous suffisait. C'est à mon sens, la raison pour laquelle, vous n'avez imaginé, ni l'un ni l'autre nos passés respectifs avant notre union. Quand nous nous sommes mariés, nous étions riches de diverses expériences et d'un grand nombre de réflexions.

– C'est possible.

– En fait, que dire ? Célia a toujours une longueur d'avance sur moi. Je suis allée passer mon premier Noël dans la famille de mon ami, à 17 ans. Je suis restée quelques années avec ce garçon. Il s'appelait Guillaume. C'est un prénom que j'affectionnais beaucoup. D'ailleurs, j'aime toujours ce prénom et sans ce premier amour, tu le porterais probablement aujourd'hui ! Quand tu as commencé à fréquenter les bancs d'école, qu'il y avait deux ou trois Guillaume dans tes différentes classes, et cela du primaire au secondaire, j'ai eu alors un peu moins de regrets. Guillaume était grand, très attentionné, il n'avait d'yeux que pour moi. Il ne m'a pas fait découvrir que l'amour, mais également le monde de la plongée sous-marine. D'abord en piscine, puis très vite en mer, en Espagne, dans le sud de la France. Puis nous sommes allés plonger aux Maldives, en Égypte, en Israël, etc. Des destinations de rêves pour des plongeurs… novices de surcroît. Nous étions jeunes tous les deux, je terminais mes études, il ne travaillait pas encore, et pourtant… nous arrivions à voyager et à visiter des fonds sous-marins paradisiaques. Nous n'étions pas toujours en voyage, et entre ces vacances souvent imméritées, j'étudiais.

– Pourquoi imméritées ?

– Parce que je me souviens être partie en vacances une semaine avant mes partiels, c'était mon avant-dernière année d'études. Nous nous étions inscrits à une sortie à Cadaquès au nord de l'Espagne, organisée par notre club de plongée. En revenant, je me pelais le nez sur mes copies de partiels. J'étais très décontractée et j'ai obtenu des résultats tout à fait honorables qui m'ont permis de valider mon année d'études. C'était donc des vacances imméritées, voire volées. Oui, mais pour d'autres raisons encore. Le père de Guillaume occupait un poste très important dans une grande société industrielle. C'était un homme connu, sa photo apparaissait régulièrement dans le journal régional. Il avait une notoriété et n'hésitait pas à l'utiliser pour bénéficier de divers avantages en nature. Nos voyages faisaient sans doute partie de ces appointements déguisés, mais il n'y avait pas que cela. Nous assistions à tous les spectacles de la région messine, nous pouvions aller aussi souvent que nous le souhaitions au cinéma, etc. C'est une vie très… inattendue pour une étudiante, issue d'une famille modeste. Ces années étaient légères, faciles, je n'étais plus timide à ses côtés, mais perdue dès qu'il s'éloignait. C'est cette prise de conscience qui m'a fait fuir. Je devais me construire par moi-même, être identique en toute circonstance, je ne pouvais pas être dépendante, à ce point, d'un homme, ça n'était pas concevable pour moi. J'ai donc décidé, de manière unilatérale, de le quitter. Le pauvre ! C'est sûr, il n'a pas pu comprendre, il a eu du mal à s'en remettre, je m'en suis toujours un peu voulu quelque part, mais sans jamais regretter ma décision. En le quittant, j'ai également accepté de quitter cette vie d'étudiante digne d'une V.I.P. ! Il me fallait désormais payer le cinéma, les voyages, les disques, etc. La rupture était plus large qu'elle n'en avait l'air. En mettant un terme à notre relation, je perdais "la belle vie" : fini la facilité. Pendant notre liaison, j'étais conviée aux repas d'anniversaires et aux fêtes de fin d'année, chez lui, entourée de ses parents et de ses frères. Toute cette famille est devenue mon ex-future belle-famille, donc !

– Ah je vois, c'est ce que tu as prédit à Célia !

– Oui ! En plus, souviens-toi également de la raison invoquée par ma grand-mère ; la curiosité d'avoir une autre aventure avant de s'engager pour une longue période. Je crois que Célia est curieuse !

– As-tu essayé d'autres paires de chaussures ?

– Oui, mais ces histoires ont été courtes et peu nombreuses. J'ai croisé ton père à peine un an après la rupture avec Guillaume. Ce que j'ai conservé de cette histoire, mis à part une multitude de souvenirs sympathiques, c'est la pratique de la plongée sous-marine.

– Donc ce n'est pas étonnant que Célia arrête l'équitation et la danse, mais conserve la plongée. À ce propos, son club organise une sortie mer, à Giens, pendant les vacances scolaires de la Toussaint, c'est-à-dire en octobre prochain. Mademoiselle Di-Capria compte bien y participer pour passer son niveau III. Elle aura 16 ans et c'est l'âge minimum requis pour le passage de cet examen.

– Je t'ai parlé de mes résultats scolaires, eh bien la plongée, c'était le même scénario. À mon époque, j'ai passé mon niveau I qui se nommait alors le brevet élémentaire ou B.E.. Je m'étais inscrite pour faire comme tous les autres nouveaux plongeurs. Ensuite, je suis restée cinq ou six ans, sans passer d'autres niveaux. Je n'en voyais pas l'utilité. Jusqu'au jour où, j'ai voulu emmener ton père visiter, ce que je considérais être le paradis sur terre, les Maldives. En ouvrant un catalogue de voyages, j'ai constaté avec effarement que l'épreuve de la remontée assistée du niveau II était requise pour prétendre plonger dans cette partie de l'Océan Indien. Je me suis inscrite immédiatement à la session en cours pour le niveau II et j'ai réservé mon voyage. Comme c'est parti, Célia ira au moins jusqu'au Monitorat de plongée.

– Alors la question que nous devons nous poser : est-ce que ta timidité a joué sur ta progression en plongée ?

– Oui, incontestablement. Comme pour les notes moyennes à l'école et comme je te l'ai dit pour ne pas me faire remarquer, un niveau commun en plongée permet de passer inaperçue. Et tel était mon désir, même dans ce loisir... Déjà, il fallait se mettre en maillot de bain au milieu de tous ces hommes ! Nous étions 2 ou 3 filles pour 50 plongeurs ! Je fournissais suffisamment d'efforts, comme cela ! »

Le mardi suivant, le déjeuner débute à peine, Maman prend la parole avant même de recevoir des nouvelles de sa *Doppia Vita* :

« Tu es au courant ?

– De quoi, Maman ?

– Richard, il part.

– Richard Rollin ton médecin et copain de plongée ?

– Oui.

– Où va-t-il ?

– Il part un peu plus au sud pour pouvoir plonger plus régulièrement. En fait, d'après ses explications, il habitera juste en dessous de Lyon, tout près du nouveau complexe universitaire à Saint-Genis-Laval, le plus grand d'Europe, qui a ouvert ses portes depuis l'année dernière. Il va faire partie d'un cabinet médical avec trois autres médecins. Là-bas, Richard sera de garde une semaine sur cinq au lieu de deux jours par semaine ici. Il pourra aller plonger les quatre autres week-ends en roulant trois heures maximum.

– C'est bien, non ?

– Oui d'un côté, je suis contente pour lui. D'un autre côté, aujourd'hui j'ai 65 ans, lui a vingt ans de moins. Quand je l'ai croisé dans mon club de plongée, il avait 15 ans. Cela fait trente ans que nous nous connaissons, depuis qu'il est installé comme médecin, je vais chez lui. Il fait partie de ma vie, je sais qu'il est là, qu'il est à mon écoute, comme je le suis pour lui. Et là, fini, il part.

– Ah oui ! Vu comme cela, je comprends mieux ton affolement. C'est Papa qui va être content ! Je crois pouvoir affirmer qu'il en est secrètement jaloux.

– Albin jaloux, tu crois ? Richard et moi, nous nous sommes croisés alors que lui était un adolescent et que j'allais sur mes 35 ans, c'est plutôt la mère de Richard qui devrait être jalouse ! Il est certain que trente années avec un centre d'intérêt commun et une multitude d'échanges sur toutes sortes de sujets, cela crée incontestablement des liens. Albin et sa mère peuvent être rassurés, Richard s'est marié avec une femme, de son âge, aussi intelligente et gentille que lui. Ils ont eu trois beaux enfants ensemble…

– Oui, c'est sans doute parce que tu le connais depuis si longtemps. Cela peut effrayer.

– Bon, ce n'est pas grave, c'est la vie. Il m'a dit que nous garderons le contact par mail ou par téléphone et qu'il me tiendrait au courant pour le programme des week-ends-plongées, au cas où je veuille participer à une sortie.

– Tu irais plonger en Méditerranée ?

– Non ! Tu me connais bien, dis-donc ! Je n'ai jamais beaucoup plongé dans cette mer pour une énorme raison : à chaque fois que j'y suis allée, je passais mon séjour à vomir. Le mal de mer, c'est terrible ! Je préfère effectivement des eaux un peu moins agitées, mais c'est plus loin. Il y a également une seconde raison : comme je ne supporte pas le bateau et que j'ai plus souvent plongé en mer Rouge ou dans l'Océan Indien ou encore dans les Caraïbes, il est certain que les couleurs de la faune et de la flore de la Méditerranée me paraissaient bien fades ensuite. À une époque, je m'amusais à dire que je préférais plonger en couleur qu'en noir et blanc... Ce n'est donc pas à mon âge que je vais risquer de gâcher deux jours de ma vie en montant sur un bateau en Méditerranée. Tiens au fait, Clone Célia, aura-t-elle aussi le mal de mer ?

– C'est une excellente question ! A priori, oui.

– Elle reviendra vite du Sud, si jamais elle parvient à y séjourner quelques années, comme elle l'envisage. Je me rappelle mon premier mal de mer. Ce n'était pourtant pas le premier séjour où nous passions la journée sur le bateau. Nous étions en Corse, vers Bonifacio. Ce jour-là, la mer était très agitée, et un et deux et... trois malades ! Je me suis posée une question idiote : mais qu'ont-ils à être tous malades comme cela ? Le temps de ma réflexion est bref et voilà…quatre malades ! Et depuis, mer agitée égal mal de mer assuré. »

Notre dernier déjeuner de l'an 2041 se passe dans une pizzeria en plein centre-ville. Voici trois fois au moins que nous changeons l'endroit de notre rendez-vous mensuel, car les deux précédents restaurants ont fermé leurs portes. Maman commande ses habituelles tagliatelles à la sauce tomate avec du basilic frais. C'est un plat simple et pourtant, à la voir si impatiente en attendant son repas, on pourrait penser qu'elle attend un merveilleux déjeuner. Un jour, je le lui fais remarquer, elle me répond que tout est relatif, qu'elle adore ce plat, qu'elle se sent repue après avoir terminé son assiette. Pour elle, c'est effectivement, comme je le pensais, un véritable festin.

À l'approche des fêtes de fin d'années, j'ai beaucoup de nouvelles de Célia à communiquer à Maman.

Il n'y a rien à dire sur sa rentrée en classe de première. Les années scolaires se suivent et les notes de Célia continuent à éblouir ses parents. Célia avait comme objectif de partir plonger fin octobre, début novembre pendant les vacances de la Toussaint. Elle a participé comme prévu à cette sortie. Et, elle en est même rentrée avec le trophée tant convoité ; les moniteurs du club de plongée lui ont validé son examen du niveau III. Tout s'est bien passé, visiblement elle assure. Avant de partir, elle est venue chez son médecin pour qu'il lui prescrive des patchs contre le mal de mer. Maman éclate de rire, cela lui rappelle une anecdote :

« Lors d'un voyage de plongée, un ami souffrait fréquemment du mal de mer. C'était le début de la commercialisation des patchs pour ce genre de maux. Ce plongeur bavard clamait à toute personne se trouvant sur le bateau qu'aujourd'hui, il ne serait pas malade puisqu'il avait mis LE patch. Or, après la première plongée, personne n'entendait plus notre sympathique plongeur, il se trouvait à l'arrière du bateau. Extrêmement pâle, il semblait très mal aller. Personne n'a commenté l'inefficacité de CE patch. Au retour, arrivé sur le quai, notre plongeur au visage blanc s'est s'exclamé : « *Ah non, ce n'est pas vrai ! Je n'ai pas décollé la pellicule du patch ! C'est normal que ça n'ait pas agi !* » Il s'est fait chahuter par tous ceux présents sur le bateau !

– Visiblement notre Célia sait les utiliser et tant mieux pour elle. Elle me semble passionnée par la plongée. Maintenant qu'elle est bloquée par son âge, elle doit patienter au moins deux ans pour la suite des niveaux. D'après ce que j'ai compris, elle a mis sur sa liste de Noël un super appareil photo numérique avec son caisson étanche. Elle tuera le temps en faisant de la photo sous-marine.

– Super !

– Ah ! J'ai encore mieux : Célia a créé son propre site web et j'ai même réussi à dégoter son adresse www.celiakelplonge.com !

– As-tu déjà été sur ce site ?

– Oui, et la cerise sur le gâteau, c'est qu'elle laisse une adresse mail pour pouvoir communiquer avec elle…

– Je croyais que l'on ne devait pas intervenir dans sa vie !

– Nous, non, mais par mail tu peux utiliser n'importe quelle identité…

Maman réfléchit et poursuit son questionnement :

– Nous ne devons ni parler à Célia en direct, ni la croiser, c'est bien cela ?

– Oui, enfin toi surtout !

– Toi, tu as le droit de lui parler et de la voir face à face ?

– Oui, c'est ton clone, pas le mien ! Si vous vous rencontrez, vous pouvez subir toutes les deux un choc émotionnel très important. Enfin surtout toi ! À ce jour, nous ne connaissons pas de manière exacte les conséquences d'un tel bouleversement, que se passerait-il à l'intérieur de la boite crânienne ? C'est pour cela que nos déjeuners sont parfaits : tu as des nouvelles de ton clone sans jamais la voir réellement.

– Et sur son site, je vais obligatoirement visualiser des photos de la belle Célia, n'est-ce pas ?

– En effet, je ne te cache pas que c'est ce qui me gêne un peu. Je te conseille de survoler les photos et de t'attacher aux textes. Si tu choisis de communiquer par mail avec Miss clonée, trouve l'excuse que tu veux pour éviter un échange de photos.

– Très bien, je respecterai tes conseils, Gildas. »

Maman enchaîne sur une autre pensée :

« L'autre jour, je songeais à ma *Doppia Vita* Célia et à mes enfants, Marielle et toi. Je me suis surprise à comparer les choix sportifs de chacun d'entre vous : Marielle aimait très tôt la musique, la danse, l'équitation. Fille de plongeurs elle a été initiée tout naturellement à la plongée sous-marine. Elle pratique ce sport en dilettante, lors de vacances se déroulant au bord d'une eau agréable. En ce qui te concerne, j'ai toujours trouvé que tu avais un don pour le chant et la musique. D'ailleurs, tu chantais avant même de savoir parler ! Marielle, quant à elle avait un don pour le dessin. Visiblement vos dons ne vous intéressaient pas. Ton père et moi, nous nous sommes sans cesse interrogés pour savoir si nous devions vous pousser à travailler et développer ces capacités innées ou vous laisser le libre arbitre d'orienter votre vie comme bon vous semblait... Nous étions l'un et l'autre incapables de trancher à votre place. C'est donc vous qui avez émis vos différentes demandes pour pratiquer telle ou telle activité. Tu as donc joué au foot, je ne sais pas si c'est le mythe de Zinedine Zidane qui t'a marqué ou celui de son célébrissime "coup de boule" dix minutes avant son départ à la retraite. Du haut de tes six ans, moins d'un an après cette coupe du monde, tu répétais continuellement que tu ferais comme Zizou, mais sans coup de tête ! Tu nous faisais rire avec cela.

Quand j'ai vu cet acte à la télévision, ma réflexion immédiate a été de cet ordre : « *L'argent n'achètera jamais tout... personne ne peut se payer un sans-faute au parcours comportemental d'un homme. Fatigue, provocation, énervement, oubli d'être sous des millions de paires d'yeux, se laisser aller quelques secondes, répondre à la méchanceté.* » Cette séquence s'est passée alors que ma timidité était presque anéantie. La question de savoir si naître dans une famille richissime peut jouer sur la timidité d'un enfant se posait alors. L'argent n'achète pas un comportement, mais peut sans doute le modifier ponctuellement, et probablement de manière superficielle. Zinedine Zidane avant d'être footballeur professionnel était un grand timide, c'est, à mon avis, une des clés de sa réussite. Les timides calment leurs élans d'immodestie et sont convaincus que pour réussir, ils doivent d'abord fournir un travail considérable avant de prétendre à quoi que ce soit. La phrase « travaille et tais-toi » pourrait leur correspondre parfaitement. D'où à nouveau cette question : la timidité est-elle un merveilleux défaut ? Les timides sont des gens très productifs. Tout cela pour parler de ton sport favori, le foot. Tu aimais aussi le vélo et comme ta sœur, nous t'avons emmené quelques temps à notre club de plongée. Aujourd'hui, tu en fais un peu plus que Marielle, mais cela reste un loisir pour vous deux. Quant à Célia, elle a commencé par de la danse, puis de l'équitation et de la natation. Ensuite, elle a croisé la plongée sous-marine. Elle a préféré, et de loin, ce sport aquatique à tous les autres. D'ailleurs, elle a abandonné son tutu, puis les dadas, pour se réserver exclusivement à la plongée.

Comme c'est parti, je la vois bien en faire son métier. Et cela serait à la fois très curieux et extrêmement perturbant.

– Pourquoi cela serait-il perturbant ?

– Parce que je crois t'en avoir déjà parlé : suite à ma séparation avec mon premier petit ami Guillaume, j'allais sur mes 23 ans et je me suis imposé un choix de vie. Partir aux Maldives sur un bateau de plongée ou rester en France pour mener une vie de "Française normale" !

– Oui, je comprends, l'avenir répondra à tout cela ! »

À notre premier déjeuner de l'année 2042, en février, je fais le curieux et demande à Maman de me raconter un de ses échanges de mails avec son clone. Maman s'empresse de m'expliquer sa stratégie et de me raconter ses chats avec Miss Di-Capria :

« Mon identité pour converser avec Célia est très différente de la réalité : je m'appelle Frédéric, je suis un étudiant expatrié pour trois ans en Chine, à Chengdu, en plein milieu du pays. Il n'y a pas d'étendue d'eau à proximité. Cela lui évitera d'avoir l'intention de me rendre visite pour venir plonger avec moi. Je vais sur Internet uniquement depuis un cybercafé, je n'ai pas le web dans ma chambre d'étudiant. De plus, je lui ai précisé que je suis le seul étudiant à ne pas avoir de "phone" pour cette raison, mon surnom, donné par mes condisciples, est "l'extraterrestre" !

– Comment feras-tu pour répondre à certaines questions précises sur le pays ?

– Il y a quelques années, un cousin éloigné de ton père a séjourné en Chine cinq ans, pour y implanter une usine. En rentrant, il m'a demandé de l'aider à reconstituer ses souvenirs. Il en a fait un petit livre pour le transmettre à ses enfants ou pour le donner à des connaissances intéressées par l'un des deux sujets abordés : la Chine et l'implantation d'une usine dans ce pays.

– Tu as donc ce livre…

– Oui, je pense que les informations sont encore d'actualité. De toute façon, Célia n'ira pas vérifier ! »

Maman semble sûre d'elle, je n'interfère en aucun cas dans son élan et je poursuis :

« Au fait, de quoi parlez-vous lors de vos échanges de mails ?

– Très peu de nous. De plongée bien évidemment. Elle revient donc d'un séjour à Giens, le temps était magnifique, ils étaient une trentaine de plongeurs. Certains plongent encore à l'air, d'autres au Nitrox III. Durant le séjour, deux personnes ont obtenu le niveau II et Célia a validé son niveau III, puisqu'elle avait déjà réussi la théorie, il ne lui restait plus qu'à faire la pratique. Ensuite, elle me parle de la beauté des plongées. Elle a été impressionnée par la découverte des épaves. C'était la première fois qu'elle plongeait sur les célèbres sites du Donator et du Grec.

– C'est étonnant de parler plongées avec son clone !

– Je ne trouve pas ! L'exercice est parfois difficile, car je dois bien réfléchir et veiller sans cesse à ce que j'écris, et surtout penser au masculin. Si je suis étonnée, c'est sans "e" à la fin, etc.

– Ah oui ! Remarque les accords t'obligent à rester concentrée pour ne pas te laisser aller à un truc du style : « *J'ai un peu mal au dos en ce moment, mais c'est normal vu mon âge !* »

– Oui, ne t'inquiète pas, je suis vraiment très prudente. Quand Céliane est née, j'ai subi un tel affolement neuronique, je ne voudrais pas le subir une seconde fois. Et, je ne souhaite pas non plus perturber ma *Doppia Vita* !

– Je suis serein, j'ai entièrement confiance en toi, sans quoi, cette expérience n'aurait jamais existé.

– J'écoute attentivement tes directives, je ne fais que survoler les photos du site. »

Le déjeuner de début mars 2042 est riche : Célia a demandé à son médecin de famille de lui prescrire la pilule. Maman commente :

« Elle commence de bonne heure. Peut-être craint-elle de débuter trop tardivement sa vie sexuelle ?

– Qu'entends-tu par là ?

– Ce passage à l'acte est parfois compliqué, redouté, que l'on soit un garçon ou une fille. Célia a décidé de brûler sa vie par les deux bouts, me semble-t-il. Aussi, elle trépigne d'impatience pour tout et agit avant de réfléchir, le vrai Bélier, quoi ! N'oublions pas qu'elle est native du 21 mars, premier jour du Bélier, premier signe du troupeau zodiacal. Elle fonce !

– Tu étais comme cela à son âge ?

– Oui et non. Oui parce que dans ma tête je fonçais, mais dans les faits je n'osais pas agir. De l'extérieur, je n'étais pas un vrai Bélier, à trop réfléchir, je bridais mon action.

– À la fin de cette année scolaire, elle devra réfléchir à son baccalauréat. Au fait t'avais-je communiqué les notes obtenues au bac de français ?

– Non pas toi, mais elle m'en avait touché deux mots par mail. Elle a eu dix-sept à l'écrit et dix-huit à l'oral. Mais, il me semblait que cet examen était supprimé ou plutôt reporté l'année suivante, avec toutes les épreuves du baccalauréat en fin de Terminale, ce n'est plus le cas ?

– Non, voici deux ans qu'ils sont revenus en arrière et que l'épreuve de français a lieu de nouveau à la fin de la classe de première. Les résultats du baccalauréat avaient tellement chuté suite à cette réforme, qu'elle a été suspendue.

– C'est dramatique, aucun système ne perdure plus aujourd'hui. Les hommes et les femmes, qui nous gouvernent, confondent le monde de la politique avec celui de la mode. Chacun veut innover, faire mieux, différemment que son voisin ; résultats des courses, la loi change aussi souvent que les Français changent de chemise. Une fois, la loi va au linge sale, parfois à la poubelle. Célia pourrait bien faire de la politique, les lois sortent d'abord et les réflexions fusent ensuite. Normalement, d'abord, on réfléchit ensuite on agit, mais comme tout le monde veut aller de plus en plus vite. C'est comme dans le domaine de la recherche, la politique aussi va "micro-ondes". L'homme oublie qui il est. C'est un animal, un mammifère, il a besoin de repères, de stabilité, de calme pour évoluer harmonieusement. La société actuelle offre un environnement absolument contraire à ces bases sereines. L'Homme est de plus en plus exigeant envers ses pairs. Pour ma part, cela s'est traduit par une peur constante de mal faire, je n'osais pas agir, voilà une cause de ma timidité. Pour les autres, pour ceux qui se laissent prendre au jeu de "qui veut faire toujours mieux ?" ils finiront fous. La société rend l'Homme fou, est-ce que les chercheurs s'en rendent compte ?

– Tout à fait. Tout ce que tu dis correspond malheureusement à ce qui se passe. J'ai rencontré récemment un médecin psychiatre exerçant, depuis près de quarante ans, en hôpital psychiatrique. Enfin, pour son équilibre personnel, il a su faire quelques coupures dans sa vie active. Il me relatait qu'au début de sa carrière, les gens qui débarquaient dans son service de psychiatrie avaient le profil suivant : personne très âgée, souvent plus de 80 ans, plutôt des femmes. Les hommes mouraient avant les femmes à cette époque. Les problèmes relatifs à leur comportement étaient fréquemment dus à une usure des circuits neuronaux ou à une simple panne technique. Quinze ans plus tard, le profil était le suivant : plutôt des hommes entre 45 et 55 ans, divorcés ou en cours de divorce, ayant de gros soucis professionnels. Ce psychiatre fort expérimenté avait d'ailleurs alerté les pouvoirs publics sur ce qui se passait en France. Il avait remarqué cette désastreuse évolution du profil du "fou". Sa conclusion était la suivante : « *Avant, le comportement humain d'un Français défaillait suite à une usure due à la vieillesse des circuits neuronaux. Aujourd'hui, la société française multiplie les obligations de chaque individu. La fatigue et le stress dégradent de manière spectaculaire les circuits neuronaux. Résultats : des problèmes psychiatriques surgissent à 50 ans, alors qu'il y a quinze ans à peine, la moyenne d'âge pour ce genre de cas était d'environ 85 ans. Pour le futur, j'attire votre attention sur ce phénomène croissant et inquiétant pour notre pays. Mesdames, Messieurs les politiques, je vous implore de réagir.* » Ce psychiatre n'a bien évidemment jamais reçu de réponse, un courrier retour aurait impliqué que le dossier soit bien arrivé au gouvernement. Comment auraient-ils justifié alors, le fait que personne ne lise cet envoi ou pire que personne ne réagisse à la lecture de telles informations ? Impossible ou impardonnable. »

Célia passe les fêtes de Noël 2042, chez les Di-Capria, avec ses parents et son frère José. Visiblement, elle a changé de père Noël ! Comme je prends un air ironique pour parler de cela, Maman sourit et me nargue en me remémorant quelques détails :

« Je te rappelle que tu déjeunes avec l'internaute préféré de Célia, Fred est devenu le confident de mon clone, vois-tu ? Donc j'avais connaissance de cela, mais bizarrement elle ne semble pas affectée par ce genre d'évènement. *Tant pis pour lui. Où est le prochain ?* C'est un peu le genre de discours que tient Célia à un pote internaute. Ma *Doppia Vita* ne me ressemble pas tant que ça !

– Désolé pour ce que je vais te répondre, mais peut-être que sans cette coquille de timidité, tu aurais gagné une liberté de manœuvre et donc ta façon de penser serait peut-être similaire à celle de Miss clone.

– Je crois que ton cadeau prend depuis quelques mois déjà sa véritable dimension. Je peux maintenant bien mesurer la différence des décisions prises ou d'actions envisagées entre mon clone non timide et moi timide.

– Ce que tu dis me fait énormément plaisir, parce que je suis certain que le but sera atteint : avoir la réponse à cette gigantesque question que tu te rabâchais sans relâche de 10 à 30 ans *quelle serait ma vie si je n'étais pas timide ?* Mais au fait, je me souviens de l'âge approximatif auquel tu es sortie de cette timidité. Simplement, j'ignore quelles en sont les raisons et pourquoi la trentaine ? Pourquoi pas cinq ans avant ou dix ans après ?

– Ma timidité ne s'est pas arrêtée d'une manière nette à 30 ans. Je l'ai mise de côté à cet âge et je l'ai pulvérisée à 36 ans. La trentaine est un carrefour de plusieurs bienfaits. À 30 ans, j'avais déjà travaillé un certain nombre d'années, et tous ceux qui entrent dans la vie active savent bien qu'il y a très peu de place pour la timidité. Un esprit occupé oublie aisément qu'il est timide. L'obligation de devoir assumer un travail, assurer un délai et multiplier les initiatives montre la face cachée de la personne dite timide. Le rythme soutenu, la succession de toutes ces tâches ne laissent pas de place à tout ce qui est susceptible de ralentir un travail. Mes années de bons et loyaux services m'ont en partie libérée de mon *mal*. À 30 ans, j'avais déjà deux maternités à mon actif. Les bébés aussi font avancer leur maman ! Je devais être une grande fi-fille et, par l'exemplarité, éviter à mes enfants de devenir timide. Chacune de ces expériences m'a accompagnée sur le chemin de la maturité. Mais, un jour j'ai senti que j'avais franchi le cap, que ma timidité était, non pas, mise à mort, mais bien enfermée dans une des boites à souvenirs situées dans mon cerveau. Je devais avoir environ 36 ans.

– Ah oui ! Et à quoi correspond ce *cap* ?

– Tout s'est produit par hasard. Un jour, une amie est venue me voir toute affolée : elle s'était engagée pour donner des cours à l'École Supérieure de Management en Informatique. Nous étions mardi, les cours débutaient le lundi d'après. Son père était hospitalisé ce vendredi ; elle devait descendre à Clermont-Ferrand pour rester avec sa mère qui ne pouvait plus vivre seule. Elle m'a suppliée d'accepter de reprendre ses interventions. Tout était prêt, il n'y avait qu'à dispenser les trois heures de cours le lundi suivant. J'ai accepté sans discuter ces trois heures de supplice. La raison en est simple : je ne voulais pas créer d'ennuis supplémentaires à mon amie. Je pouvais bien prendre sur moi et lui rendre ce service. À ce moment-là, je ne me doutais pas que les vingt-sept heures suivantes me seraient alors imposées. Mes trois heures de service rendu se sont transformées en trente heures de cours ! En effet, l'administration a exigé le même intervenant pour tout le module informatique. Finalement, cela a bien arrangé tout le monde : mon amie, libérée de cette obligation, a pu se rendre à plusieurs reprises chez ses parents. L'enseignement m'a libérée du reste de ma timidité.

– Pourquoi les cours ?

– Parce que devant un public d'une trentaine de personnes, tu es celle qui sait, celle qui communique, celle qui doit intéresser, celle qui transmet un savoir, etc. Donc, soit tu prends le risque de perdre de l'énergie en ayant peur, soit tu entres dans un rôle, tu te concentres et tu en oublies tes faiblesses… la performance est à ce prix. Oublier ses failles pour communiquer au mieux un savoir, le rendre le plus attrayant possible pour les élèves assis là devant toi. »

Notre repas début juillet 2043 est fort joyeux, Maman et moi fêtons le baccalauréat de Célia. Étrange ! Céliane, passera son bac l'année prochaine, elle est également préscolaire. Je crains les repas de famille dans une décennie où j'imagine Maman tenir tête à Marielle en soutenant que 2043 correspond à l'année de l'obtention du baccalauréat de Céliane. Marielle ne comprendra pas l'obstination de sa mère et me regardera d'un air interrogateur ! Je serais probablement tiraillé entre l'envie d'éclater de rire et la peur que Maman ne fasse une gaffe.

Le repas d'août est beaucoup plus froid : Célia a fait quelques dérapages en fêtant son diplôme. Miss clone a bu un peu d'alcool, voire un peu trop… À la soirée, elle s'est retrouvée dans un lit avec un ami qui lui voulait du bien et qui avait lui aussi abusé de la boisson. Ils ont oublié de se protéger. *Doppia Vita* souffrait d'une gastro-entérite et avait vomi son petit cachet contraceptif les jours précédents. Le lendemain de la fête, elle était la première dans la salle d'attente de son médecin pour lui demander de lui prescrire la pilule du lendemain. Ce docteur l'a attentivement écoutée et lui a tendu l'ordonnance souhaitée. Maman secoue la tête comme pour valider ce que je lui raconte.

« Oui, c'est à peu près ce qu'elle m'a écrit dans un mail.
– Elle ne t'a pas encore démasquée ?

– Impossible, quand je lui écris, je suis Fred, l'étudiant à Chengdu ! Le seul étudiant de la Terre à ne pas être connecté H24 !

– Bon, voilà donc la première épreuve qu'a rencontrée ton clone.

– Oui, voilà également notre deuxième différence de parcours. Il y a d'abord le saut de classe et l'élève brillante que je n'ai pas pu devenir par timidité et peut-être que d'aller au bout de la nuit, au bout des fêtes m'était également interdit pour la même raison.

– Le médecin l'a questionnée sur son avenir, elle lui a répondu qu'elle était inscrite et retenue en Sciences Biologies Marines à l'Université Royale près de Lyon. Elle lui a expliqué que c'est le plus grand complexe européen ouvert depuis deux ans seulement ! Elle a réussi à plaisanter un peu pour dire qu'heureusement qu'elle n'a pas sauté plusieurs classes, sinon le complexe n'aurait pas encore été ouvert !

– J'en ai déjà entendu parler, mais je ne sais plus par qui. Ça doit être au journal télévisé.

– Non, ce n'est pas Richard Rollin qui est parti s'installer tout près ?

– Ah oui tu as raison Gildas ! Mais que va-t-il se passer s'ils se croisent ?

– Pour elle, absolument rien. Pour lui, je n'en ai aucune idée ! As-tu de ses nouvelles ?

– Oui nous communiquons une à deux fois par mois par mail. Voire un peu plus si nous avons un scoop.

– Si ton copain médecin tombe sur Célia, il est certain qu'il t'appellera.

– Bon il ne faut pas s'affoler avant que cela ne se produise.

– Oui, gardons notre calme et notre devise "l'avenir nous le dira" !

– Oui l'avenir nous le dira… oui, mais nous devons tout de même définir un plan : je ne souhaite pas être prise au dépourvu et paniquer ! S'il me téléphone, que dois-je dire ? Richard pose dix questions à la fois, et n'en démord pas tant qu'il n'a pas obtenu dix réponses précises ! Il veut tout comprendre et assez rapidement. Imagine qu'il voit Célia avec un haut bleu turquoise de la même forme et de teinte similaire à ce que je portais, le jour où il a quitté la Moselle. Ce jour-là, je suis venue lui dire "au revoir" et lui souhaiter bonne chance. Je sais qu'il est alors capable de venir voir si je suis encore vivante, si je fais bien mon âge actuel et que je n'ai pas fait un lifting par année depuis qu'il est parti… Il va me parler de réincarnation. Je l'entends me dire qu'il est certain que je sais de quoi il parle, qu'il ne croit pas à ce hasard époustouflant. Il me jurera de mener une enquête…

– Que veux-tu préparer, Maman, Célia n'existe pas, tu ne connais personne répondant à ce prénom exceptée ta petite-fille Céliane, qui te ressemble beaucoup certes, mais qui vit dans notre région et qui, à ta connaissance, ne s'est pas promenée aux alentours de Lyon ces derniers temps.

– Oui, j'exagère probablement, mais Richard est infernal ! C'est une amitié de longue date et cela m'embête terriblement de devoir lui mentir.

– OK, mais là tu n'as pas d'autre alternative. Et puis, depuis dix-sept ans maintenant, tu sais bien cacher les choses, puisque Marielle ne se doute de rien et Papa non plus. Tu ne vas pas me dire que tu crains davantage de ne pas divulguer ce secret à un ami, alors que tu as su le cacher à ta fille et à ton mari pendant toutes ces années ?

– Non, mais la situation est très différente, si Richard apprend quelque chose, c'est d'abord par une image et non par des mots. Tu m'as toujours conseillé d'éviter de regarder des photos de Célia. Mais ni toi, ni moi n'avons réfléchi sur l'hypothèse insensée, mais possible qu'Albin ou Marielle rencontre au coin d'une rue Célia. Nous n'habitions, jusque-là qu'à une trentaine de kilomètres de distance. S'il est possible de ne jamais apercevoir le visage d'un voisin habitant à moins de deux cents mètres de chez soi, il arrive à l'inverse de sympathiser avec une personne avec qui l'on se retrouve sur un bateau de plongée à dix mille kilomètres de là, alors que cette nouvelle connaissance habite depuis plus de vingt ans à trois kilomètres de chez soi. Et crois-moi, c'est du vécu ! Cela m'est arrivé à deux reprises : une fois sur un bateau aux Maldives, ton père et moi nous sommes liés d'amitié avec un couple habitant la Lorraine. Une autre fois encore plus loin en Nouvelle-Calédonie, une copine m'a donné les coordonnées d'une famille ayant vécu dans la même ville que nous pendant près de quinze ans. Pour finir, nous avons été présentées l'une à l'autre, par personne interposée à l'autre bout du monde. Je suis convaincue que tout peut arriver.

– Il est vrai que j'ai évoqué plusieurs fois le choc que tu pouvais subir en tombant nez à nez avec ton clone. Les personnes t'ayant connu quand tu avais l'âge de Célia – à une décennie près – encourent en fait une secousse émotionnelle similaire à la tienne en intensité. Pour Papa, c'est même pire que cela…

– Quel beau cadeau ! Tu te rends compte, Albin me quittant pour demander mon clone en mariage ! Merci fiston, ça dépasse la science-fiction.

– Je te rappelle que Célia est de cinquante ans ta cadette, d'une part, et que Papa a ton âge d'autre part !

– Albin est un homme droit, c'est incontestable, notre amour est fort et réciproque. Notre couple s'est construit sur de la confiance mutuelle, notre histoire est solide. Albin m'a adorée, il était sensible à ma beauté et même si j'essaie de prendre soin de mon physique… cinquante ans d'écart se voient forcément ! Albin était subjugué par mon apparence, il y a plus de quarante ans. Alors, quelle peut être sa réaction en voyant Célia ? Impossible de le savoir, mais il peut très bien tomber amoureux de moi en plus jeune ! Ça me paraît presque une évidence.

– Prions pour que nous n'ayons jamais la réponse à cette interrogation !

– Oui, du coup j'ai supprimé de ton vocabulaire… ta phrase favorite : *l'avenir nous le dira…* N'est-ce pas ?

– Oui, il ne nous reste plus qu'à espérer que l'avenir ne nous dise pas cela ! »

CHAPITRE III

Les années se suivent et se ressemblent parfois, lors de notre premier déjeuner en 2044, j'informe Maman que Célia est venue voir sa famille fin décembre. Noël se déroule, cette année encore, avec ses parents et son frère. Le monde universitaire lui convient tout à fait. Elle adore le contraste entre le sérieux d'un côté et la légèreté de l'autre. Célia aime, d'une part, apprendre, étudier et travailler, d'autre part, elle a besoin de se défouler. Elle attend impatiemment d'être invitée à dîner par un gentleman et de passer une agréable soirée, voire plus si affinités. Elle apprécie également d'être conviée à une méga-fête où elle danse jusqu'au bout de la nuit...

Célia se compose un emploi du temps de ministre grâce à sa grande liberté d'action. Elle calcule le temps nécessaire pour fournir un travail satisfaisant et suffisant pour réussir son année. Ensuite, elle aménage ses soirées suivant les opportunités du moment et enfin elle s'organise pour plonger certains week-ends, comme elle l'avait anticipé bien des années auparavant.

La mésaventure de l'été dernier semble complètement oubliée. Célia a pénétré dans un nouvel univers, dans une ville inconnue, elle n'a sans doute pas le temps de ressasser un passé dont elle n'est pas fière. Mademoiselle Di-Capria va de l'avant. Son but premier est de créer rapidement un cercle d'amis sur lequel elle pourra compter, et surtout avec lequel elle organisera quelques soirées agréables. Célia déteste visiblement la solitude. De plus, ses capacités intellectuelles lui permettent de réussir sans trop travailler, de ce fait, elle bénéficie de beaucoup plus de temps libre que ses condisciples.

Maman intervient :

« C'est pour cela qu'elle s'entoure d'une multitude de personnes : elle a quatre soirées de libres par semaine tandis que les autres n'en ont qu'une. Le fait de connaître beaucoup d'étudiants avec des personnalités très différentes permet à Célia de combler quatre soirs en piochant dans ses diverses connaissances. Elle m'a expliqué ces savants calculs par mail !

– En plus, belle Célia est attirante. Les filles l'adorent parce qu'elle est sympathique, drôle et toujours dévouée pour ses paires. Les garçons sont envoûtés par sa beauté naturelle, par son regard franc, par son sourire chaleureux, par ses cheveux sauvages. Ils se méprennent souvent sur la gentillesse de Célia et leur regard devient intéressé par le cœur de cette jeune fille d'une beauté accessible. Pour toutes ces raisons, Célia est très courtisée. C'était pareil pour toi ?

– La personne que tu décris pourrait me ressembler, oui. Cependant, je constate une troisième différence entre Célia et moi : je crois qu'elle se sent belle et désirable.

Or, vers 18 ans, je n'imaginais pas être mignonne et encore moins être convoitée par qui que ce soit. Célia se connaît déjà bien et c'est très rare à son âge. Pourtant, pour répondre à ton indiscrète question, je me souviens effectivement de certains regards d'homme, voire même de certaines demandes qui exprimaient l'attirance qu'ils avaient pour moi et cela s'est passé de 15 ans à 60 ans !

– Ah bon ! Et… ?

– Eh bien rien justement ! Les périodes où ton père se déplaçait souvent et manquait cruellement d'attention à mon égard, je me traitais d'imbécile ! Je me disais qu'il ne me voyait pas alors que d'autres hommes me proposaient régulièrement leurs services de réconfort ! J'ai préféré opter pour la patience, parce que je savais que ton père allait rouvrir les yeux et me regarder à nouveau. C'est ce qui s'est passé fort heureusement ! Ma timidité a finalement sauvé notre couple, car du coup je n'ai jamais cédé ni à la facilité, ni à la tentation. Mais c'est ton père, par son amour, qui m'a toujours délivrée du mâle environnant ! Pour ma part, j'avais un époux qui valait la peine de réfléchir avant de commettre une infidélité qui met obligatoirement l'union en danger. C'est pour cela que je n'ai jamais regretté d'avoir refusé les avances que l'on m'a faites. Maintenant, sans un mari comme le mien, je pense qu'à un moment je me serais inspirée de cette phrase que j'affectionne : « la liberté s'arrête là où commence celle des autres » dans ce cas la phrase adaptée eut été : « les freins de la timidité s'arrêtent là où commence la bêtise ! »

– Tu aurais pu tromper un mauvais époux ?

– Tout à fait ! Sans doute pas tout de suite, pas les premières années de mariage… Tu sais, j'ai vu des amies qui ont fait des concessions toute leur vie durant, se rabaissant constamment pour accepter l'égoïsme de leur conjoint. Plus ceux-ci étaient odieux, plus elles se rabaissaient, se traitaient de nulles pour des broutilles : parce qu'elles n'étaient pas à jour dans le repassage, parce qu'elles avaient servi le dîner avec dix minutes de retard, parce que cette semaine, elles avaient, par trois fois, nourri leur famille avec des pâtes à la sauce tomate, etc. Elles arrivaient à oublier qu'elles avaient travaillé le même nombre d'heures que leur mari, qu'après leurs journées de travail, elles avaient conduit, les enfants au foot, à la danse, et à leurs loisirs respectifs, qu'elles avaient honoré les rendez-vous successifs chez l'orthophoniste, chez l'orthodontiste, quelquefois chez l'orthoptiste, qu'entre toutes ces courreries, elles avaient trouvé un peu de temps pour aller faire le plein de courses, le plein de carburant. Et bien sûr, si leur femme de ménage n'étaient pas venues, elles avaient lavé, seules, leur immense maison salie pourtant par tous les membres de leur adorable famille ! Par ces faits, tu comprendras que ces amies ne risquaient pas grand-chose en osant tromper leurs maris ! En laissant leurs épouses s'épuiser parce qu'elles veulent être à la hauteur, ces maris ne méritaient pas la fidélité de leur Cendrillon. Si Albin ne m'avait pas traitée et respectée comme étant la Céline que je suis, je ne serais pas devenue une Cendrillon post mariage ! La timidité m'a rendue faible parfois et forte bien souvent. Faible quand je dépendais trop du regard des autres, forte quand je suis sortie de cette timidité et que j'ai cessé de considérer le jugement des autres comme prioritaire sur le mien. J'étais capable d'appréhender une situation personnelle et de trancher seule, en accord avec moi-même. De ce fait, il est plus facile d'assumer ses choix de vie.

– Je pense vraiment comme toi, à la virgule près. C'est pour cela que je n'ai jamais voulu ni me marier, ni procréer. Et surtout, je n'éprouve aucune once de regret. Je suis satisfait de ma vie, de mon quotidien et de ma folle expérience. Crois-tu que j'aurais dû faire le clone de Papa pour que Célia trouve l'homme de sa vie ?

– Ta question est à la fois stupide et subtile ! Comme cela est parti, je ne suis pas certaine que *Doppia Vita* se fixera un jour ! Elle ressemble peut-être à son père de labo, qui sait ?

– Très drôle !

– Pas pour tout le monde : as-tu des nouvelles d'Amal ? S'est-elle remise de votre rupture ?

– J'ai eu récemment de ses nouvelles par des amis communs, elle semble aller beaucoup mieux. J'ai été pourtant très clair dès le début : pas de mariage, pas d'enfant et zéro contrainte ! Et moi, cela m'allait bien.

– En tous les cas, pour revenir à ta *Vita* à toi, je suis contente de t'entendre dire que ta vie te convient.

– Tu y es pour beaucoup, tu as bien éduqué tes enfants…

– Ah oui ! Pourquoi dis-tu cela ?

– Marielle est la plus heureuse des filles de cette planète en ayant donné vie à une petite fille, en exerçant un métier artistique qui lui sied et en ayant tout de même divorcé. Moi, j'ai choisi ma vie, pas d'enfant, pas d'épouse, mais uniquement des conquêtes par-ci par-là, un métier qui me passionne, et je suis le plus heureux des hommes ! Tes deux enfants ont un parcours très différent, mais sont bien dans leur vie, bien dans leur peau. Quand je dis que tu nous as bien élevés, cela signifie que tu nous as inculqué de la souplesse : savoir s'adapter à toutes sortes de situations nouvelles, penser à faire des choix dans sa vie, peser le pour et le contre avant toute prise de décision, trancher, accepter et assumer ses choix.

– Arrête ! Je vais finir par penser que je suis la meilleure mère de la Terre !

– Tu sais bien que c'est exactement le cas ! »

Le premier mardi d'avril 2044, nous fêtons les 18 ans de Célia et les 68 ans de Maman. En fait, je demande toujours un gâteau avec cinquante bougies d'un côté et dix-huit pour cette fois de l'autre. Chaque année, Maman me questionne sur cette nouvelle procédure de gâteau d'anniversaire. Je lui réponds qu'à partir de 50 ans, elle a une *Doppia Vita*. Aussi, je stabilise Maman à cinq décennies et je visualise ainsi l'âge de Célia sur l'autre partie du gâteau, le gâteau de la double vie et des doubles anniversaires.

Maman émet une remarque pertinente :

« Avant Célia, tu oubliais tous les anniversaires de la famille, le tien compris. Depuis Miss clone, tu m'as souhaité mon cinquantième anniversaire – que je ne suis pas prête d'oublier – et également tous les suivants. Te souviens-tu que Céliane est née le 22 mars 2027, un an presque jour pour jour après Célia ?

– Mince, c'est vrai, Marielle va encore me tuer ! Comment a-t-elle pu faire une erreur aussi flagrante en me désignant comme parrain ?

– Elle sait qu'en cas de grave pépin, elle peut compter sur toi : si Céliane t'appelle pour venir à son secours, tu répondras présent immédiatement. Elle ne t'a pas élu parrain par erreur ou par manque de choix, tu le sais bien. Elle ne t'a pas choisi pour les cadeaux d'anniversaire et autre offrande, elle t'a mandaté parrain pour prendre le relais s'il lui arrivait quelque chose, mais tu sais tout cela, n'est-ce pas ?

– Oui, en effet, elle m'en a parlé tout de suite après la naissance de Céliane et avant que j'accepte ce rôle. Elle souriait et me taquinait en disant qu'elle espérait que je fête au moins une fois tous les cinq ans l'anniversaire de ma future filleule.

– Eh bien, ne la laisse pas te disputer, ma petite-fille a eu ses 17 ans et jusqu'à preuve du contraire, ce n'est pas un multiple de cinq !

– Parfaitement ! »

Au déjeuner de juin 2044, Maman commence par me donner les nouvelles de Célia reçues par mail :

« Miss clone est détentrice d'un nouveau diplôme ; le permis de conduire !

– Bien, elle l'a eu du premier coup, je suppose ?

– Pas du tout, elle aurait déjà dû conclure cette affaire fin avril, mais le déroulement de l'examen pour l'obtention de la petite carte rose a été perturbé par un terrible accident. Et mademoiselle Célia Di-Capria l'examinée en est l'entière responsable !

– Incroyable ! Elle crée un accident en passant son permis de conduire…

– Le pire, c'est que l'inspecteur a été hospitalisé deux jours. En fait, ce jour-là, tout s'annonçait fort bien. Elle avait bien dormi, il faisait beau, le soleil brillait. Toutes les conditions étaient réunies pour passer une excellente journée. Elle est même arrivée à l'heure au rendez-vous pour le passage de l'examen. Après avoir salué l'inspecteur et le directeur de l'auto-école, tout le monde s'est installé dans la voiture neuve, une Alexia 2044. Célia a consciencieusement demandé si chaque occupant du véhicule était bien attaché. Les deux accompagnateurs ont répondu par l'affirmative. Célia a démarré, mis son clignotant pour quitter la place de parking. L'inspecteur lui a indiqué les différentes directions à prendre. Le soleil était à son zénith, Célia était souriante, tout se passait normalement. Elle a effectué correctement un changement de file, a emprunté les routes que l'examinateur lui avait indiquées, est passée à un feu tricolore, puis à un autre. Elle voyait difficilement les lumières des feux, le premier était vert, elle était certaine que le deuxième l'était aussi. Il ne l'était pas ! Ambulance, police, hôpital, Célia n'a pas eu son permis, cette fois-là.

– Ah nous voilà avec un as du volant !

– Donc, elle l'a repassé un mois et demi plus tard, après un long entretien avec l'inspecteur blessé. Celui-ci a préféré que Célia repasse son examen avec un de ses confrères. Et là, tout s'est déroulé dans le plus grand calme.

– Tu as bien eu ton permis dès la première fois, n'est-ce pas ?

– Oui, tu penses ! Il est certain que je ne me serais jamais remise d'un tel échec. Si ma comptabilité est juste, nous en sommes à quatre différences : non seulement, Célia accidente son examinateur, elle le supplie ensuite de la laisser se représenter à l'examen de conduite et elle y arrive. Elle est très forte cette petite ! »

Les vacances d'été passent, notre repas de septembre contient de nombreuses confrontations d'informations, entre les remontées faites par le médecin de famille et celles soutirées lors d'échange de mails par l'efficace pseudonyme, Fred. Cette fois, je débute :

« Célia excelle en cette première année universitaire. Le bilan de ces quelques mois comprend de remarquables résultats, de belles plongées, des mégas fêtes et quelques soirées sympathiques. Quelle fille !

– Célia m'a avoué par mail que les informations données à ses parents se limitaient aux résultats obtenus et aux récits de quelques sorties plongées. Tellement fiers de leur progéniture, ils lui ont offert un séjour aux Maldives pour la féliciter de sa réussite et l'encourager à poursuivre dans ce sens.

– Tiens donc, les Maldives ! Papa et toi y alliez parfois en février, moi plutôt en janvier et Marielle… ça fait longtemps que je ne l'ai pas entendue parler voyage… mais si elle y va, c'est aussi en hiver.

– Oui, cette destination m'a également interpellée… Pourquoi donc les Maldives ? C'est approximativement la question que je lui ai formulée sur le net !

– Ah oui ! Qu'a-t-elle répondu ?

– Écoute bien ! Ses parents lui ont carrément demandé quelle destination elle désirait : sans hésitation elle a choisi notre terre de prédilection, les Maldives. Sais-tu pourquoi ?

– Non c'est justement la question de départ.

– C'est parce que je lui ai tellement écrit de phrases magnifiques sur les Maldives, lors de nos échanges de mails qu'elle est curieuse de découvrir cet extraordinaire endroit du globe. Elle ajoute avant qu'il ne disparaisse…

– Ah oui ! Mais cela fait longtemps que l'on parle de l'imminente disparition des Maldives.

– Cela va faire près de soixante ans que ce paradis terrestre doit être englouti par les eaux. Dans les années 1990, certains avaient soulevé la thèse d'une propagande marketing du style : *« Dépêchez-vous d'y venir plonger avant que ces sites paradisiaques n'existent plus »*. Très vite de soi-disant sérieux chercheurs spécialisés dans ce domaine étayaient ces rumeurs en démontrant le bien-fondé de cette hypothèse. Ils annonçaient très solennellement et sans alternatives possibles, l'équation suivante : la planète se réchauffe, la fonte des icebergs s'accroît, le niveau d'eau de la planète monte et les atolls des Maldives sont au mieux à un mètre au-dessus du niveau de l'océan, dans trente ans le niveau d'eau sera tel, que les Maldives seront noyées. À cette époque, les maris oscillant entre le style malotru ou le genre malavisé devaient aussi disparaître ! Mes copines devaient être la dernière génération de victimes de cet ordre. Or, si tu regardes bien autour de toi, nous pouvons constater que la technologie et la science avancent à la vitesse du son, alors que l'homo sapiens sapiens évolue très lentement, comme sa planète d'accueil, finalement.

– Donc c'est toi qui envoies ton clone visiter *nos Maldives*.

– Depuis nos premiers échanges de mails, la plongée reste notre sujet favori lors de nos cyber-conversations. Mis à part l'énumération de dates, je pouvais me laisser aller à décrire une plongée sans craindre de trahir les caractéristiques de mon pseudonyme, Fred. Les mots voguaient sur le net et Célia buvait mes mails… Et voilà le résultat !

– De toute façon, tous les passionnés de plongée atterrissent un jour ou l'autre aux Maldives. Donc Célia y serait allée tôt ou tard.

– C'est vrai ! Tout cela pour dire qu'elle est revenue enchantée du pays des merveilles. Elle m'a écrit que j'avais raison : il y a un avant et un après les Maldives, on en revient changé. Elle parle d'évolution personnelle, l'envoûtement a été identique pour moi, j'avais exactement deux ans de plus que Célia quand j'ai découvert les Maldives. Tiens lis, j'ai imprimé une page de son site Internet où elle décrit ce lieu magique. »

Maman me tend une feuille, je la lis à voix haute :

« *En 2044, je suis âgée de 18 ans et j'ai rencontré les Maldives. Rencontrer est bien le terme approprié, car cette multitude de petites terres constitue bien plus qu'un lieu, c'est pour moi comme une personne. Les Maldives sont formées d'atolls : une île est destinée uniquement à l'aéroport, la piste d'atterrissage débute et se termine dans l'océan. Une autre île Malé constitue la capitale, c'est le seul endroit des Maldives où circulent quelques voitures, souvent luxueuses. À Malé, il y a aussi de nombreuses constructions, surtout des immeubles pour multiplier les possibilités de logement sur une superficie moindre. Il reste encore quelques îles désertes. Certains de ces bouts de paradis regroupent des pêcheurs ou forment un complexe hôtelier avec quelques bungalows parsemés de-ci de-là, disposés judicieusement entre les palmiers. L'exotisme de la végétation, la transparence de l'eau, la lumière qui vient indifféremment du ciel ou du sable blanc, l'ensemble est féerique. Une fois que les Maldives vous ont été présentées, vous êtes différents. Connaître cette destination accueillante, c'est visiter le paradis de son vivant ! Il en émane un sentiment de paix, on y vit luxueusement avec tant de simplicité, les paysages sont rares et envoûtants. Idyllique. Tout visiteur sensé tombe obligatoirement amoureux des Maldives, même en ne voyant que la surface du Pays. Maintenant, si vous avez la chance de partir équipés à minima d'un masque et d'un tuba ou au mieux d'un scaphandre et d'une bouteille, vous découvrirez alors un monde magique et surprenant par sa diversité. Lors de cette visite sous-marine, vous visionnerez des sites colorés, peuplés de coraux vivants, vous croiserez des petits poissons agréables à observer, aux robes bien dessinées, aux tons vifs, aux traits nets et aux formes amusantes. Vous verrez parfois d'autres vertébrés aquatiques beaucoup plus grands et toujours majestueux. De somptueux souvenirs.* » Miss clone est bouleversante.

– Nous ne pouvons que valider cet écrit, n'est-ce pas ?

– Bien sûr. Dans les confidences émises par mail, elle ne t'a rien dit d'autre ?

– Ah si ! Au risque de te choquer, mon très cher fils, Célia a le feu aux fesses ! Elle m'a raconté le petit plus de son voyage : le moniteur de plongée ! Et le plus drôle, c'est qu'il s'appelle Guillaume. Mais visiblement, leur histoire convertie en durée n'excède pas le temps du séjour.

– Comme tu en as convenu, elle connaît son pouvoir de séduction et mademoiselle est joueuse.

– Les filles d'aujourd'hui sont belles à 20 ans. Quand j'observais une photo de ma mère prise alors qu'elle avait 25 ans, c'était étrange. En effet, ma mère à 40 ans avec sa coupe au carré et ses cheveux teints en blond paraissait beaucoup plus jeune que cette fille sur la photo avec un haut chignon noir et un tailleur très classe et surtout très classique. Ma génération, c'était moins vieillot, mais loin d'être évident : de 15 à 25 ans, nos cheveux se plaçaient comme ils l'entendaient et nous ne maîtrisions pas notre aspect dans sa globalité. Nos habits suivaient la mode et ne nous convenaient pas obligatoirement. Les styles évoluent, les techniques s'affinent, les brushings font partie du quotidien, etc. En 2044, les filles de 15 ans sont toutes belles, parce qu'elles sont apprêtées, mais surtout parce qu'elles ont appris à sélectionner une coiffure adaptée à leur morphologie et à acheter des habits qui épousent harmonieusement leurs formes. Résultats : elles mélangent, avec habileté, leurs vêtements et maîtrisent le processus pour se mettre subtilement en valeur. Aujourd'hui, je me pose la question de savoir si j'étais comme Célia, jolie et attirante et que la seule qui ne le voyait pas c'était moi...

– Toute question relative à la beauté est subjective…

– Oui, en fait ce que je veux dire, c'est qu'à 20 ans, j'étais sans doute plus jolie physiquement qu'à 40 ans, et pourtant… Me suis-je embellie ? Ou est-ce mon regard à mon égard qui s'est adouci ? Adolescente, ma timidité m'interdisait, en quelque sorte, l'accès à la beauté, mon regard assagi de la quarantaine devenait probablement soit plus indulgent, soit plus réaliste ! Oui, je décelais une certaine beauté en me regardant dans une glace, alors j'ai interrogé mon miroir : « *Dis miroir, mon beau miroir, pourquoi me trouvais-je moins belle à 20 ans avec ce regard vert sombre et ce teint lisse, et pourquoi suis-je, me semble-t-il, plus jolie à 40 ans avec ce teint moins frais et ces petites rides qui se sont installées avec le temps ?* » Mon miroir ne m'a jamais répondu !

– Le miroir n'y est pour rien ! Tu l'as dit toi-même : seul le regard change sur soi. Je crois que la timidité va souvent de pair avec une basse estime de soi. Tu es sortie de la timidité parce que tu as engagé un travail sur ta personnalité. Tu as gagné une bonne estime de toi, de ce fait ton regard change sur le monde extérieur, sur tes exigences personnelles vis-à-vis de toi et des autres, sur ton aspect physique. Tu as entamé une métamorphose douce et spectaculaire. Célia ne subira pas cette progression puisqu'elle est née directement libérée de la timidité, elle a démarré sa vie équipée d'une bonne estime de soi. L'avenir répondra donc à tes questions ! »

En février 2045, nous parlons avec Maman, de la mort du père de Célia, survenue accidentellement, fin 2044, entre les fêtes de Noël et de Nouvel An précisément. Célia nous étonne. À la reprise des cours de la nouvelle année 2045, elle est revenue à l'université Royale sans retard. Ni Maman, ni moi ne savons si Célia en a parlé à ses copains de promo.

En revanche, Célia s'est livrée à son confident Fred. Maman réfléchit un instant et me raconte :

« J'ai eu un moment de recul, quand elle m'a appris cela et dévoilé quelques-unes de ses pensées secrètes. Ses parents ont eu un stupide accident de voiture en circulant sur une autoroute. Ils roulaient à une vitesse raisonnable, leur voiture, un modèle tout confort et haut de gamme est sorti de sa trajectoire, a foncé dans une barrière de sécurité. Le véhicule s'est immobilisé, la mère de Célia en sortant la tête de son Air Bag s'est esclaffée : « *Ouf, on a eu beaucoup de chance !* » Elle est étonnée de ne pas recevoir en écho une réponse de son mari. En tournant la tête, elle l'a vu inerte. Elle ne comprenait pas, le choc ne lui a pas paru si violent que ça… Alors pourquoi Charles ne lui a-t-il pas répondu ? Elle l'a secoué. Les pompiers ont ouvert la portière côté conducteur, ils ont extrait le corps de Charles hors du véhicule. Un d'entre eux a expliqué à Caroline, la mère de Célia, que la tête de Charles a heurté de manière latérale le haut de la portière. Ce genre d'impact sur le côté gauche du crâne est souvent irrémédiable s'il provoque une hémorragie interne, ce qui a été le cas pour Charles. Un autre pompier a tenté de réconforter Caroline en lui disant que c'était le destin de son mari. Au vu de la voiture luxueuse et sécurisée qu'il conduisait, ce stupide traumatisme ne se serait pas produit si Charles avait été moins grand de cinq centimètres…. Si l'accident a abouti à cette fatalité, c'est que la vie de son mari devait s'arrêter aujourd'hui. Célia m'a écrit que sa mère en a d'abord voulu à ce pompier qui, pour elle, ne racontait que des âneries. Puis, elle a fini par lui envoyer une lettre lui exprimant toute sa reconnaissance pour avoir eu le courage de tenir de tels propos dans de telles circonstances. Célia a terminé son mail par « *Ce pompier avait parfaitement raison, c'est le destin* ».

– Célia croit donc à la destinée, alors elle continuera de vivre vite. Seul son destin pourra la stopper dans cet élan constitué à la fois d'excès et de vitalité. »

L'année 2045 est exceptionnelle en termes de commémorations. En effet, le 8 mai 2045, ce sera le centième anniversaire de l'Armistice de la Seconde Guerre mondiale. Mon grand-père maternel Daniel Picard, né en 1951, fêtera ses 94 ans, le 12 mai 2045. Cette année sera chargée en émotions pour lui, pendant la guerre de 1939 à 1945, sa mère était cachée par des voisins, elle a eu la vie sauve alors que toute sa famille a été déportée. Elle a été la seule survivante. Le père de mon grand-père a malheureusement compris ce que le mot horreur signifiait à cette période. C'est un miraculé des camps de concentration. Cet arrière-grand-père allait d'école en école pour raconter ce qu'il ne faut pas oublier. Les quelques rescapés, qui ont fait comme lui, se sont tous éteints, certains ont réussi à transmettre ce devoir de mémoire à leur descendance. Aussi, mon grand-père a agi de même, respectant ainsi la volonté de son père. Son souhait le plus cher était de vivre au moins jusqu'au 9 mai 2045 pour constater un siècle de paix. Il participera à quelques cérémonies. De ses enfants, Maman et son frère Cédric, aucun n'a repris le flambeau de la tournée des écoles. Ni l'un, ni l'autre ne s'est senti investi d'une mission divine. Leur père ne leur en veut pas, et qui plus est, il pense que quoi que l'on fasse, la bêtise humaine est cyclique…

À notre déjeuner d'avril 2045, Maman m'apprend que Célia va participer, à Saint-Genis-Laval sa ville estudiantine, à une animation sur la paix : l'homme ne doit plus penser à la guerre, mais se focaliser sur la beauté de cette planète, sur le calme qu'on peut y trouver… dans le monde du silence, par exemple… Célia sera la sirène de la fête, elle proposera des baptêmes de plongée. J'espère juste qu'elle ne passera pas à la télé ou sur nos réseaux sociaux… !

En 2025, dans l'euphorie des préparatifs de l'expérience de la *Doppia Vita*, je n'ai pas pu envisager tous les futurs possibles de Célia. Imaginez qu'elle gagne à la Star Académie 53 ! Certes, j'aurai créé une vie, mais j'aurai également provoqué à minima quatre infarctus : Marielle, Cédric, Richard et Papa. Et toutes les connaissances de Maman dont j'ignore l'identité. Il est vrai qu'à aucun moment, je n'ai imaginé que Miss clone pouvait devenir une célébrité. Bon, ce n'est pas le cas actuellement et j'espère que l'avenir me rassurera sur ce point.

Voici le premier mardi du mois de juin 2045, je suis impatient de partager ce repas avec Maman. Avant d'évoquer Célia, nous parlons de grand-père Daniel, Maman commence :

« Quel mois de mai 2045 ! C'est une année qui s'annonçait chargée en émotions… mais à ce point, je ne pouvais pas imaginer. As-tu vu ton grand-père à la télévision, le 8 mai ? Ils ont retransmis la cérémonie en direct ?

– Non je travaillais.

– Dommage, le Président de la République salue mon père. Ensuite, les discours cessent et laissent la place à la musique, et là un cameraman zoome sur le visage de ton grand-père et tu vois ses joues pleines de larmes… Je n'avais jamais vu mon père pleurer… Je l'ai appelé le soir pour lui dire que je l'avais regardé à la télévision, sans mentionner ce détail, il était content. Heureusement que je lui ai téléphoné le soir même, tu vois…

– Oui, c'est le lendemain qu'il est entré à l'hôpital ?

– En fait, il a eu un malaise durant la nuit du 8 au 9 mai, sa vie a été maintenue quelques heures, mais il est décédé dans la journée du 9 mai 2045. C'est surprenant !

– Oui, il a atteint l'objectif qu'il s'était fixé : ne pas partir avant d'avoir fêté un siècle de paix.

– C'est vrai. En plus, son nom sera inscrit le mois prochain sur le mur Hervé Gourdelle.

– Je ne connais pas ce mur…

– C'est un mur érigé au nom de la paix en hommage à ce malheureux guide…

– Ah oui, c'est exact, paix à son âme. Il est vrai que ce siècle de paix a connu de nombreux épisodes de violence, tout de même…

– Oui… je repense à mon père… Tu vois quand Célia a perdu son père, j'ai eu l'impression qu'elle n'avait pas de cœur. Elle a passé cette épreuve avec un tel sang-froid qu'elle m'a fait peur quelque part. Aujourd'hui, je la comprends. Je perds mon père et pourtant je ne suis pas triste, c'est vrai qu'il a atteint un bel âge, mais on aimerait toujours un peu plus… Je crois que ce n'est pas la question de mourir trop tôt ou pas, je pense que pour l'entourage, c'est la notion de culpabilité qui joue.

– De culpabilité ?

– Je m'explique : as-tu déjà réfléchi d'où vient la tristesse de la perte d'un être cher, quelle en est la cause ?

– Quand tu apprends la mort d'un parent, tu éprouves de la peine parce que tu ne le verras plus. Cet être proche va te manquer, c'est comme un trou dans ta vie. Je ne suis pas certain de bien saisir le sens de ta question.

– Comme tu le remarques très justement, la perte d'un parent provoque de la tristesse par l'appréhension du manque provoqué par l'absence définitive de cette personne. Sais-tu différencier une personne optimiste d'une personne pessimiste ?

– Si ton fils ne connaît pas cela, personne ne le sait : la personne optimiste trouvera qu'une bouteille est à moitié pleine, alors que la personne pessimiste constatera que cette même bouteille est à moitié vide !

– Exactement, pour un décès c'est presque pareil : une fille venant de perdre son père sera inconsolable, parce qu'elle était odieuse avec celui-ci ou parce qu'elle s'était disputé avec lui quelques heures avant son décès. Cette tristesse persistera également si ledit père n'a jamais fait comprendre à sa fille, d'une manière ou d'une autre, combien il l'aimait, etc. Un garçon venant de perdre son père, mais ne doutant pas de l'amour paternel, et s'estimant être un bon fils passera naturellement lui aussi par une phase de chagrin. La fille, elle, endurera un sentiment de non-satisfaction venant s'additionner à la douleur de cette perte. Des non-dits, une mauvaise communication, une dispute mal placée peuvent engendrer cet irréparable sentiment de culpabilité. Ce sentiment interdit bien souvent à la tristesse d'être diminuée en intensité quelque temps après le décès. En revanche, le garçon pourra toujours songer à une injustice concernant la durée de vie de son père, il devra s'habituer à sa disparition, à l'irréversibilité de la situation. Mais ce fils jouira d'un esprit serein et vivra en pensant de manière positive à son défunt parent qui l'accompagnera sa vie durant. Ce garçon continuera à vivre allègrement son quotidien. Il rira et sera heureux, puisque c'est sans aucun doute ce que souhaitait ce père pour sa progéniture. Si la fille n'a pas eu cette confirmation du vivant de son père, si elle n'a pas reçu cette approbation, sa vie perdra de sa spontanéité.

– J'espère être d'accord avec toi… le jour venu.

– Oui, c'est toujours difficile de prévoir ses réactions émotionnelles pour une hypothétique perte d'un proche.

– Il faut donc que je te dise que tu es une femme réellement exceptionnelle et rare. J'ai déjà dû te le dire, mais j'ai peur que tu l'aies oublié.

– Je retiens tout ce que tu me dis !

– Vraiment Maman, je pense que très peu d'enfants ont la chance d'avoir la possibilité de discuter de toutes sortes de sujets avec un parent. Avec toi tout est abordable, rien n'est stupide, tout est enrichissant, rien n'est tabou. Quelquefois, dans des dîners chez des amis, je pense à toi, je me dis que leurs conversations m'ennuient. Je m'éloigne virtuellement, car leurs paroles n'arrivent pas à capter mon attention. Je décroche. Et toi, avec nos dizaines de déjeuners pris en commun, j'entends toujours tout ce que tu me dis. Non pas parce que l'on parle du fruit de mon travail, mais bien parce que tes extrapolations, toutes ces théories qui n'appartiennent qu'à toi me captivent. Et je suis certain qu'elles intéresseraient beaucoup de monde.

– Tu n'as qu'à établir un recueil intitulé "*la philosophie de ma Maman*" tu verras si cela fait un best-seller. Enfin, sois prudent, n'investis pas trop d'argent dans cet ouvrage !

– Tu vois, je trouve que mes copains manquent parfois d'humour et de finesse d'esprit dans leurs discussions. Toi, tu es complète : tu as les théories et l'humour qui va avec.

– Tu sais quand les *Villages du Cœur* ont débuté, j'avais donné le ton pour sélectionner les volontaires. Entre deux candidats équivalents, il fallait choisir celui qui avait un zeste d'humour de plus que son concurrent. Je leur avais conseillé d'embaucher des personnes plutôt volontaires, persévérantes et ayant de l'humour. Je pense que j'ai frôlé l'internement dans un asile !

– C'est difficile de vendre *sa longueur d'avance* quand on fait partie des visionnaires…

– Tu es bien placé pour en parler, n'est-ce pas ?

– Il est clair que lorsque j'ai soumis mon projet aux hautes instances de recherches, j'ai dû prouver par tous les moyens que je n'étais pas un chercheur fou ! J'ai tout de même vu cinq psychiatres, qui m'ont soit posé des questions, soit fait jouer à un jeu où je perdais plusieurs fois d'affilée, etc. Des fois que je leur tape une petite crise de nerfs en hurlant : "Ma Maman me laissait toujours gagner. Vous êtes tous très méchants ! "

– Non ?

– Si je t'assure ! Sur les cinq introspections, j'ai failli éclater de rire au moins quatre fois. Mais l'enjeu était bien trop important, à mes yeux, pour me laisser aller et risquer d'essuyer un refus si prêt du but. Donc, je ne suis pas passé si loin de l'internement non plus !

– Je vois. Tiens, pour revenir à ta folie, sais-tu que Célia a, une fois encore, obtenu des résultats éblouissants pour sa deuxième année d'études universitaires ?

– Non, je constate que les mails de ton clone sont plus rapides que les mails de ses médecins !

– Encore faut-il qu'elle leur rende visite, vu la pêche qu'elle a, je doute qu'elle fasse un détour par le corps médical. En plus, qui parle de médecin évoque immanquablement la fameuse salle d'attente, or *salle d'attente* et Célia *Di-Capria* sont des antithèses !

– En fait, j'ai des remontées par chaque médecin ou par toute personne exerçant une thérapie même parallèle à la médecine dite traditionnelle. C'est pourquoi, si elle se rend chez un naturopathe, j'ai un compte-rendu, pareil pour un kinésithérapeute et pour un dentiste ou pour un ophtalmologue, etc. Donc, entre les certificats pour l'aptitude à la plongée sous-marine, la dizaine de séances d'acupuncture qu'elle se paye par an, les visites chez un kiné et le rendez-vous annuel chez un dentiste, j'arrive largement à couvrir les douze mois de l'année sans être en pénurie d'informations sur notre *Doppia Vita*.

– Et en plus de tout ce réseau, j'ai maintenant un échange de mails réguliers en direct avec le résultat de ta folie, tout va bien !

– Elle a perdu son père, mais sais-tu si sa mère lui paye un voyage comme l'an passé ?

– Elle ne m'en a pas parlé. Nous en saurons davantage lors de notre prochain déjeuner. »

À l'occasion de la comparaison de nos différents échos sur Célia, lors du déjeuner de juillet 2045, nous constatons que nous avons des doublons d'informations. Les mails provenant d'un médecin et de Célia annoncent la volonté de miss clone de tenter le passage du niveau IV de plongée pendant ces vacances d'été. Maman, ravie, me lance :

« J'ai plus de précisions que toi, elle part à Niolon, la dernière semaine de juillet, pour dix-neuf jours. La première quinzaine permet aux candidats de s'entraîner aux différents exercices exigés pour l'obtention de ce niveau. L'examen se déroule sur la dernière semaine, du lundi au jeudi matin. Les résultats sont communiqués ce même jour en fin d'après-midi. La soirée de jeudi et la journée de vendredi sont réservées aux festivités. Sur la convocation le programme est rédigé de la manière suivante : Jour UN : arrivée. Du jour UN au jour QUATORZE inclus, entraînement. Du jour QUINZE à la matinée du jour DIX-HUIT, examen. De l'après-midi du jour DIX-HUIT à la fin d'après-midi du jour DIX-NEUF, récupération. Jour DIX-NEUF : départ.

– Attrayant ce séjour ! Dis-moi, ce n'est pas Papa qui a passé son niveau IV ou son monitorat à Niolon ?

– Oui ! J'ai bien fait de m'arrêter au niveau III, les examinateurs de Niolon ne me connaissent pas !

– Maman sans vouloir t'offenser, je pense que les examinateurs, que Papa a croisés, sont passés à autre chose. Cela doit faire approximativement entre 40 et 45 ans que Papa s'est présenté à cet examen ! À l'époque ces moniteurs fédéraux avaient une moyenne d'âge de plus de 40 ans, donc tu imagines : au mieux, ils sont âgés de 70 ans, au pire ils ne font plus partie de la planète Terre !

– C'est vrai ! J'ai fait abstraction de cette notion de temps. C'est de ta faute, j'ai arrêté de vieillir depuis que j'ai un clone : je veux absolument vivre et surtout être capable d'observer le plus longtemps possible ma double vie.

– Quelles bonnes paroles ! »

En septembre 2045, Maman me relate le passage du niveau IV de Célia. Bien sûr, elle est rentrée avec le diplôme en poche et a fait la fiesta avant de quitter Niolon. Mais comme cela n'était pas assez remarquable pour notre clone gourmand, Célia sort major de sa promotion. Quelle plongeuse ! Elle a passé la fin des vacances avec sa mère dans leur maison familiale en

Lorraine. Elle s'apprête à entamer sa troisième année universitaire.

Débute 2046, cette année Maman fêtera ses 70 ans, son clone ses 20 ans. Mon expérience aura 240 mois. Une année à me ruiner en bougies ! Les mois se suivent paisiblement jusqu'à notre repas de juillet. Maman arrive toute affolée :

« Ce que nous craignions est arrivé.

– Que redoutions-nous ?

– Richard…

– Quoi Richard ?

– J'étais partie faire une course ce matin, je reviens vers 10 h 30 à la maison, j'écoute mon répondeur, trois messages attendent d'être entendus. Les trois appels proviennent de Richard, qui me supplie de l'appeler, car il a vu quelque chose d'incroyable, vraiment incroyable, il répète ce mot quatre ou cinq fois par message. À 11 h 15, je décroche le combiné pour appeler ton père, simultanément j'entends une voix dans l'appareil. Par réflexe, j'écoute et demande s'il y a quelqu'un au bout du fil. Et j'entends ce cher Richard, qui m'a appelé une seule fois en cinq ans, me dire : « Céline ? Céline, c'est incroyable… » Je lui coupe la parole pour le saluer, en premier lieu, puis j'enchaîne en lui disant qu'il a déjà employé plus d'une dizaine de fois ce mot-là ce matin ! Il ne me demande pas si je vais bien et exprime directement SA problématique : « *Céline, ce matin à 9 heures, une jeune fille de 20 ans s'est installée dans la salle d'attente. Cette fille te ressemble comme ce n'est pas permis, elle est venue chercher un certificat médical pour la plongée sous-marine, elle part dans quinze jours passer son monitorat. C'est plus que quelques traits de ressemblance, c'est ton véritable clone ! En plus, quand j'ai mis sa carte médicale dans l'ordinateur, j'ai reçu un message ultra confidentiel, d'un centre de recherches, me sommant d'envoyer prestement un compte-rendu de l'entretien avec cette patiente. Elle serait atteinte d'une maladie rare, étudiée par ce centre de recherches, il est précisé que la patiente ignore la présence dans sa petite personne de ce problème génétique !* » Je l'écoute attentivement et lui demande où il veut en venir. Il commence le jeu des questions gênantes : « *Céline, ton fils, Gildas travaille toujours dans la recherche, n'est-ce pas ?* » Et il me lance dans la foulée une seconde question : « *Je me souviens de ton célèbre triangle de grains de beauté dans la nuque, la jeune fille a aussi ce triangle, c'est bizarre, non ?* » Je l'interromps avant la troisième question et prends la parole : « *Richard, nous sommes liés par trente années d'une grande amitié. Un jour, tu décides de partir t'installer ailleurs pour commencer une vie sûrement meilleure. Je trouve que c'est à la fois courageux et lâche. Courageux de faire ce pas. Lâche de quitter des amis de longue date. Cela dit nous ne vivons pas avec nos amis, mais avec notre conjoint, donc je comprends tout à fait ton choix. Nous nous quittons, nous communiquons par mails, tu m'as téléphoné une seule fois la première année. Et la deuxième fois que tu composes mon numéro de téléphone, cinq ans après ton départ de Lorraine, c'est pour me dire que tu soupçonnes mon fils d'avoir fait un clone de moi. Oui Richard, Gildas m'offre un clone à chaque anniversaire depuis que tu es parti. Bien sûr ! Tu ne serais pas en train de me faire une narcose terrestre ? Prends-tu des médicaments forts dosés en ce moment ? Que se passe-t-il, docteur ? ».* Un ami me disait toujours, à une époque, qu'il faut d'abord commencer par agresser son interlocuteur pour le déstabiliser. Du coup, Richard se rend compte de l'excentricité de ses propos. Calmé, il convient avoir eu un choc en voyant l'image de cette jeune fille qui se prénomme Célia – en plus, ça ressemble à Céline – et il admet s'être vexé en recevant ce bip informatique lui ordonnant de relater son entretien. J'entre dans son jeu en me souvenant de ce que tu m'avais soufflé un jour. Je lui dis que c'est étrange, que ma petite-fille s'appelle Céliane, qu'elle est âgée de 19 ans, qu'elle pratique la plongée sous-marine, comme sa mère en dilettante, et qu'elle doit avoir à tout casser le niveau II. J'ajoute qu'à ma connaissance, elle étudie toujours à la faculté de Nancy et qu'elle n'a pas fait de détour ces temps-ci du côté de Lyon. Il m'approuve alors, déçu ou hébété, en balbutiant : « *Ah très bien ! D'accord* ». Mon cœur battait à trois cents à l'heure ! Je me suis raisonnée en me disant que ce serait stupide de tomber là d'une crise cardiaque, en entendant quelqu'un parler de mon clone ! Alors, je me suis détendue.

– Ce n'est pas cool, si au lieu de répondre à tes questions, mon cadeau te tue…

– Non, je suis là …et Richard va revenir à la charge, tu vas voir ! Ce n'est pas possible qu'il ait perdu sa hargne en cinq ans d'éloignement. Je n'y crois pas !

– Tout cela est embêtant… pour ne pas dire autre chose.

– Oui, cela me tracasse aussi, j'ai peur qu'Albin commence à poser également des questions si jamais il entend une conversation avec Richard…

– Je pense que Richard a eu l'intelligence de ne pas parler, même partiellement, à Célia de cette histoire.

– Il ne m'a rien dit. Il est respectueux de l'Ordre, si le message du centre de recherches demande une grande discrétion, j'espère que son excitation n'outrepassera pas ces consignes.

– C'est pour cela qu'il commence par t'appeler. Tu parles d'un dossier confidentiel !

– Oui, mais c'est moi !

– Désolé, mais tu n'es ni médecin, ni chercheur !

– Peut-être, mais Richard sait que je suis une personne de confiance. Il pense comme toi que je suis capable de ne pas trahir la confidentialité d'une information.

– Ou bien, il va en parler au premier venu pour se rassurer, pour tenter de répondre à ses questions…

– Non, tu ne le connais pas bien, je ne t'autorise pas à penser cela de lui. S'il s'acharne, ce sera sur moi et uniquement sur moi.

– Bon, alors tout va bien !

– Cela reste ton point de vue ! »

En septembre 2046, nous arrosons dignement le monitorat de Célia. C'est parfois amusant de se réjouir ou de s'inquiéter pour une personne que nous connaissons parfaitement, alors qu'en réalité nous ne l'avons jamais rencontrée. Nous sommes ravis que Célia tienne son site Internet à jour, ce qui permet à Maman et moi d'être au courant du déroulement de ses examens. Elle raconte son séjour à Niolon pour son monitorat : « *En quinze jours, un rêve devient réalité. Jour UN à 19 h 30 : arrivée au centre de plongée. Comparé à l'année précédente – quand je suis venue passer mon niveau IV – ce complexe d'accueil de Niolon est entièrement refait. Les bungalows sont repeints, toutefois ils demeurent spartiates. Les matelas sont récents, encore dépourvus d'acariens, les lits restent limités à une personne et superposés. Les placards s'ouvrent désormais avec une carte magnétique, le lavabo et la douche flambant neufs forment l'unique mobilier. L'ensemble a beau être frais et propre, tout cela manque cruellement de chaleur, mais je sais pertinemment que ce n'est pas pour cela que je vais dormir quatorze nuits dans cet espace réduit. Pour moi, c'est un détail, contrairement à mes colocataires plus âgés, que ce manque de confort insupporte.*

Je décide de ne pas trop écouter leurs perpétuelles doléances. Jour DEUX : lever 7 h 30, les moustiques ont puni les râleurs ! Mes trois compagnons de chambre sont dévorés par les piqûres de ces insectes bruyants. La femme est piquée sur le corps, les hommes sur le visage, l'horreur ! Et moi, grâce à mon habitude de dormir emmitouflée, les moustiques ne m'ont pas trouvée enfouie sous mes couvertures. Voilà de quoi faire grandir l'énervement des rouspéteurs. Petit-déjeuner, puis vers 10 h briefing avec nos instructeurs. Le programme de la semaine nous est communiqué. C'est l'identique du niveau IV en plus court : planning d'entraînement pré-examen sur cinq jours, un jour de repos, puis passage de l'examen sur cinq jours. Je suis dans un groupe différent de mes colocataires. L'instructeur, par curiosité ou par inquiétude, demande aux deux hommes de ma chambre ce qu'ils ont au visage. Je me retiens pour ne pas éclater de rire... les pauvres, ils partent avec un handicap ! Jour TROIS au Jour SEPT : entraînements divers et variés, répétition générale avant les épreuves. Je suis extrêmement détendue, je n'aime pas cela... Jour HUIT : Trêve. Du jour NEUF au jour TREIZE : l'examen ; orientation, théorie, matériel, pédagogie, etc. Il y a vingt épreuves à passer pour obtenir le diplôme tant convoité. Jour QUATORZE : annonce des résultats... derniers supplices : écouter un discours du monsieur qui fournit le matériel X, écouter celui du monsieur qui fournit le matériel Y, écouter les paroles du directeur du centre, écouter... Et enfin tendre l'oreille pour reconnaître son nom si celui-ci est prononcé lors de l'appel des lauréats. L'avantage de terminer major de promotion, c'est d'être citée en premier, cela évite une interminable attente. Je signe donc ma charte des moniteurs. Je suis libérée et j'écoute maintenant les noms des moniteurs suivants. Ma chambrée est glorieuse, les trois plongeurs partageant ma chambre ont fini par se concentrer sur la plongée, plutôt que sur les détails d'aménagement du territoire. Ils sont tous les trois également moniteurs. Je suis contente pour eux et pour tous les membres de cette promotion avec lesquels, j'ai fini par sympathiser. Et voilà le rêve devenu réalité. »

Maman est fière de son clone :

« Elle est épatante !

– Elle est surtout jeune et la plongée sous-marine est un domaine dans lequel elle est à l'aise.

– Certainement, je trouve tout de même qu'elle fait preuve de maturité. Elle comprend que les gens plus âgés qu'elle soient en manque de confort…

– Elle va s'ennuyer lors des prochaines vacances d'été, elle n'aura plus à potasser d'examen de plongée…

– Ne t'inquiète pas pour ma *Doppia Vita*, je pense qu'elle occupera judicieusement ces quelques mois de break…

– L'avenir nous le dira, n'est-ce pas ?

– C'est cela ! »

Lors du déjeuner de décembre 2046, Maman me raconte l'anecdote du mois écoulé :

« J'ai eu une embûche mi-novembre…

– Rien de grave, j'espère ?

– Non, mais cela aurait pu le devenir. Cela s'est passé un vendredi en fin d'après-midi : je suis en pleine cyber conversation avec ma *Doppia Vita*, enfin mon pseudonyme, Fred, converse sur Internet avec Célia. À peine cinq minutes après le début de l'échange, le téléphone sonne. Je vais décrocher, c'est Marianne, ma bonne amie que je n'ai pas eue en ligne depuis quelques semaines. Elle avait attrapé la grippe, j'avais gagné une angine, bref nous étions affairées à nous soigner chacune de notre côté. Habituellement, nous nous voyons au moins une fois par quinzaine et nous nous appelons hebdomadairement. Réjouie par son appel, j'oublie ma connexion Internet. Nous avons un millier de choses à nous raconter. Une bonne demi-heure plus tard, Albin, parti en ville, en repérage pour les cadeaux de Noël, est de retour. Il entre dans le salon et m'aperçoit hilare en train de papoter au téléphone. Il sourit et se dirige vers le bureau. L'ordinateur est allumé, il s'en étonne, généralement je ferme tout après mon passage. Je suis encore pendue au bout du fil quand il apparaît l'air contrarié dans le salon. Je m'inquiète, je comprends qu'il souhaite me poser une question sur le champ. J'abrège alors l'appel de Marianne en lui promettant de passer la voir dans trois jours. Je pose le téléphone sur son socle et interroge mon mari du regard. Albin me raconte sa surprise de voir l'ordinateur allumé, mais cela n'est rien, par rapport à la stupéfaction qu'il a ressentie en lisant l'échange encore affiché à l'écran…

– A-t-il vu le prénom de Célia et de Fred ?

– Bien sûr ! C'est pire que cela, quand la sonnerie du téléphone a retenti, j'ai écrit à Célia : « *Je te quitte cinq minutes.* » Et elle d'envoyer un message au bout de cinq minutes, du style : « *Eh Fred, qu'est-ce que tu fous ?* » Puis deux minutes passent et Célia écrit à nouveau un message à problèmes : « *Eh oh Chéri chéri, où es-tu, que fais-tu ? Bon, ben moi je te quitte pour aujourd'hui. Bisous ma poule.* »

– Et comment t'es-tu dépatouillée de cette situation ?

– Avec beaucoup de sang froid ! Ton père m'invite à venir visualiser « *un échange bien curieux* », dit-il. J'arrive à faire celle qui comprend que cela puisse susciter des questions... Il me coupe la parole et me confirme que plusieurs interrogations lui sont effectivement venues à l'esprit, notamment pourquoi une certaine Célia m'appelle Fred, puis Chéri, tout de même. Ensuite, si Fred c'est moi et que je ne suis pas un homme, est-ce que Célia est bien une femme ? Je le rassure, j'ai pris l'identité d'un jeune homme, pour que cette jeune fille accepte d'échanger avec une vieille ! Je lui affirme que c'est mon jeu d'Internet depuis quelques années déjà. À mon âge, il y en a qui font des sudokus pour maintenir leurs neurones en forme, eh bien, moi je communique avec des jeunes sur Internet en me faisant passer pour un étudiant d'environ 24 ans. Célia est une passionnée de plongée sous-marine, j'échange énormément sur ce sport subaquatique avec elle. Voilà tout. Je pense avoir été convaincante puisque Albin a éclaté de rire. J'ai validé l'incident en lui demandant s'il ne devenait pas un vieux mari jaloux. Cela nous a amusés.

– Que d'aventures ! Je ne connaissais pas le ton employé lors de vos échanges mails.

– Eh bien comme cela, tu en as eu un aperçu. »

Voici l'année 2047, Célia est restée deux semaines entières, le temps des congés scolaires, pour les festivités de fin 2046. Elle est revenue également en février 2047. Depuis la disparition de son père, Célia passe dès qu'elle le peut la totalité des vacances scolaires avec sa mère… enfin, à condition qu'elle n'ait pas prévu un voyage de plongée.

Du côté des Huvelle, Maman organise toujours Noël à la maison. Elle lance l'invitation sur les deux jours et ne veut pas savoir qui sera présent à l'avance. La fête est organisée comme si tous les conviés venaient. Il est arrivé que l'on se retrouve à trois, le 24 décembre et à seize le jour de Noël ou, l'inverse ! La seule obligation pour les invités est de venir avant 21 h pour le repas du soir et avant 13 h pour le déjeuner du 25. Passés ces horaires, elle n'attend plus personne. La fête peut commencer. Cela apporte une note très particulière pour ces deux jours. Bien entendu, Maman ne reproche jamais à un convive de ne pas être venu. En revanche, j'ai toujours pensé que les convives présents constituaient son véritable cadeau de Noël. Comme c'est une femme qui n'aime pas gâcher, son organisation est telle qu'il n'y a aucun gaspillage de mets. J'ignore tout de son processus cuisine. C'est au cours de notre déjeuner début mars 2047, que je lui exprime toute mon admiration pour ces invitations inaccoutumées :

« C'est vrai, je me suis toujours demandé comment tu faisais pour servir aussi bien trois couverts que douze tout en conservant cette convivialité et ce calme qu'apprécient fortement tous tes invités. Cela les rassure ; ils ne dérangent pas. Est-ce parce que tu es si ordonnée ?

– Ta question est très drôle !

– Ah oui, et pourquoi ?

– Parce qu'à l'âge de Célia, pour prendre un exemple, j'étais très bordélique ! Mais je me défendais toujours en acceptant le mot *bordel* à la condition d'y ajouter l'adjectif *organisé*. J'avais un bordel organisé ! Oui, simplement quand je travaillais à la banque, mes gentils collègues me narguaient sur ce point. Je leur répondais par une simple constatation ; je n'avais jamais perdu aucun dossier ou aucune pièce de dossier. Je ne cherchais qu'exceptionnellement un document, plus fréquemment mes clés ou mon téléphone portable posés généralement sur mon bureau devant mes yeux !

– En quoi consistait ton "*bordel*" ? À un stylo mal rangé ?

– Pas du tout, j'avais des piles de papiers sur le bureau et dans mes armoires. Seulement voilà, je disposais d'une excellente mémoire, je consultais donc de temps à autre chaque pile et je situais parfaitement la position géographique d'un dossier. Si je retrouvais une feuille non classée, j'en profitais pour l'insérer dans la pochette dédiée. Mes collègues moqueurs n'avaient pas cette faculté, quand ils rangeaient mal quelque chose, elle était considérée définitivement comme perdue !

– Mais je n'ai pas de souvenirs de toi désordonnée, pourtant.

– C'est normal, quand tu étais petit, j'ai constaté qu'il me fallait plus de temps pour trier mes piles de courriers et mettre un peu d'ordre dans tous ces tas de prospectus délaissés que de ranger ces papiers et ces magazines au fur et à mesure. Il faut savoir que je suis très fainéante et que je mesure ce que tout travail me coûte en dépense énergétique. J'établis ensuite un comparatif entre plusieurs méthodes et enfin, j'opte pour l'organisation qui m'accapare un minimum de temps et me fatigue le moins possible.

– Tu te décris comme étant fainéante ?

– Tout à fait ! Si l'on détourne quelque peu la définition de ce mot. Je m'économise, je me ménage aussi, je fuis certaines tâches, mais c'est pour mieux me consacrer aux domaines que j'apprécie. Pour t'illustrer mes propos, quand je travaillais encore dans l'organisme bancaire, ta sœur et toi étiez très jeunes. Entre les soi-disant trente-cinq heures de l'époque et vous, je devais faire un choix entre le ménage et le sport. Je trouvais ce dilemme agaçant, j'ai donc réfléchi et j'ai tranché pour la Maman épanouie : j'ai embauché une femme de ménage et j'ai ainsi réussi à conserver un peu de temps pour pratiquer une activité à la fois énergisante et dynamisante. La pratique du ménage ne répondait pas à ma volonté de rester tonique, malgré deux grossesses.

– Comme je te comprends ! Je crois que j'ai recruté Rosana, le jour de ma deuxième paie ! J'étais tellement content, sachant qu'elle avait besoin d'argent. Elle me rendait service, je pouvais travailler autant que je le voulais et j'avais l'impression de faire une bonne action. Je sais maintenant de qui je tiens !

– De toute façon, tes deux parents sont parfaits ! Que tu ressembles plus à l'un qu'à l'autre ne change pas grand-chose.

– Je suis entièrement d'accord avec toi ! »

À ce déjeuner, nous avons très peu échangé sur Célia. Elle excelle encore à l'université. C'est une fille qui s'amuse toujours autant, elle sort, elle a plusieurs boy-friends par année universitaire.

J'ai demandé à Maman si son ami médecin, Richard, avait de nouveau inspecté sur Célia. Elle m'a répondu par la négative. Je pose parfois la question, parce que j'ai un doute sur le personnage.

En juin 2047, Maman m'apprend que Célia part en juillet et en août travailler à Sharm el Sheikh, en Égypte, en tant que monitrice de plongée. Elle plaisante :

« C'est quand même troublant toutes ces destinations : les Maldives, Sharm…

– Attend Maman, c'est logique, quels sont les sites les plus prisés des plongeurs ?

– Oui, l'Océan Indien, la mer Rouge, bien sûr, mais il y a aussi le Kenya, la Réunion comme autres destinations, les Caraïbes…

– Dans le cas de Célia, les Maldives c'est un peu toi qui le lui as soufflé. Alors pour la mer Rouge, tu as bien dû lui en toucher deux mots aussi…

– Oui, c'est vrai, je lui ai parlé de tous les lieux que je connaissais.

– Il n'y a donc rien d'extraordinaire dans le choix de ses destinations, elle t'écoute, c'est aussi basique que cela.

– Tu as probablement raison. »

En septembre 2047, Célia revient s'asseoir sur un banc de l'Université Royale, à Saint-Genis-Laval. Maman me raconte les vacances de son clone :

« Que du bonheur ! Visiblement, elle est heureuse là où elle se pose. L'Égypte, c'est toujours pareil, c'est agréable d'y passer des vacances, c'est facile d'y travailler à condition de ne pas venir pour s'enrichir. Les évolutions de ce pays sont d'un contraste troublant. Célia s'est occupée de groupes de plongeurs français. Elle passait la journée sur le bateau de plongée, organisait les groupes, leur expliquait les sites, le fameux briefing avant de plonger. Comme dans tous ces séjours, une plongée était programmée le matin, une seconde l'après-midi. Des sorties de nuit étaient également proposées. Célia manageait tout cela. Son employeur la logeait dans un studio presque propre, son repas de midi était pris sur le bateau, le petit-déjeuner et le dîner restaient à sa charge. La célèbre turista persiste et en 2047, elle reste d'actualité en Égypte ! Elle semble incluse dans le séjour d'un touriste sur deux. Prévoyante, elle a échappé à cette infection gastrique, en absorbant des traitements préventifs. Elle a fait de belles rencontres sous-marines et… terrestres, bien sûr !

– À quoi penses-tu quand tu parles d'une évolution à contrastes troublants ?

– Je suis allée de nombreuses fois à Sharm el Sheikh, au moins huit fois. Je me souviens des changements que j'y ai observés lors de mes quatre premières visites. À 17 ans en 1993, à Naama Bay, il y avait seulement un centre de plongée et une poignée d'hôtels autour de ce complexe. En 1998, âgée de 23 ans, une véritable ville avait poussé dans ce paysage désertique. En 2003 à 27 ans, des enseignes lumineuses représentent des palmiers de différentes couleurs, un tourisme de plus en plus varié, je me demandais si j'étais bien à Naama Bay ou à Las Vegas ? Trois ans plus tard en 2006, les Français désertaient l'Égypte, ce sont les Russes qui les ont remplacés… En effet, les Russes ont payé une grande partie de la construction du barrage d'Assouan. En contrepartie, des accords ont été signés entre les deux nations, notamment sur l'obtention de conditions exceptionnelles pour les touristes russes venant en Égypte. Mais ce tourisme russe a pris une tournure particulière, aujourd'hui les belles jeunes filles attisent le tourisme sexuel. Jusqu'où ira l'Égypte ? Les fonds de la mer Rouge connaissent une forme de concurrence. Certains touristes viennent en Égypte pour voir la beauté des fonds marins, cet honorable commerce est discrédité par de nombreux hommes qui débarquent dans ce pays, avec comme unique but de plonger sous des draps accompagnés d'une sirène russe.

C'est beau l'argent... d'un côté, ceux qui en ont se permettent de louer le corps d'une personne, de l'autre côté, un Pays aux mille beautés, qui pour s'enrichir plus vite et toujours plus, accepte tout et n'importe quoi. Je n'aborde même pas l'aspect religieux de la chose, c'est inutile, le mal est déjà fait, c'est un virus du sida à la taille d'un pays qui se dessine là bas, une saloperie irréversible, une dégradation de l'homme riche. À cette époque, je m'étais dit que l'Égypte allait mal finir... ou tout du moins Naama Bay, il est possible que ce fléau soit très localisé. Depuis les années 2010, ce pays connait bon nombre de tumultes...

– Mais tu dis que Célia prend en charge des Français, cela signifie qu'il y en encore des touristes français à Sharm el Sheikh.

– Oui, ce sont souvent des Parisiens qui cherchent à la dernière minute une destination plongée bon marché.

C'est pratique pour eux, ils quittent leur appartement à 5 h 30 du matin et à 14 h, ils courent réserver leurs transats au bord de la piscine d'un hôtel 5 étoiles.

– Pourquoi les Parisiens, maintenant les moyennes destinations sont desservies même dans les plus petits aéroports.

– À Paris, depuis qu'il y a le troisième aéroport, les voyages se sont répartis pécuniairement. Le nouvel aéroport se réserve tous les voyages de luxe, les deux autres se répartissent les vols à prix réduits ou cassés. Je ne sais pas si le prix est un indicateur, mais le nombre d'aéroports forcément. Combien de milliers de possibilités en plus, pour voyager, avec l'implantation d'un troisième complexe aérien à Paris ?

– Que dit Célia sur ce qui se passe à Naama Bay, a-t-elle remarqué ce que tu as vu ?

– Oui, elle s'en est étonnée à plusieurs reprises par mail. Elle marque qu'en se promenant le soir dans les rues de cette ville, il est impossible de ne pas croiser ces quinquagénaires de taille moyenne, qui avancent avec à leur bras une belle et grande fille d'une vingtaine d'années à moitié habillée ! En plus, ces plantes sont souvent perchées sur de hauts talons. En clair, Célia a bien vu ces hommes n'excédant pas le mètre soixante-quinze et ces femmes qui doivent atteindre le mètre quatre-vingt auquel s'ajoutent, au moins, huit centimètres de talons. Et comme si ces différences de tailles et d'âges n'étaient pas suffisantes dans les compteurs de la provocation, ces hommes sont habillés sans goût ou d'une manière banale alors que les filles, pendues à leurs bras, portent des vêtements qui vont de l'extra moulant au très léger, les coloris excitants et parfois même les paillettes permettent de ne pas passer inaperçus !

– Bien, Célia, compte-t-elle renouveler cette expérience ?

– Il semblerait qu'elle soit enchantée de ce séjour, donc je pense qu'elle reconduira sa demande pour travailler de la même manière l'année prochaine. »

L'an 2047 se termine. 2048 suit son cours. Nos déjeuners se poursuivent calmement. Au mois de juin 2048, Richard Rollin le docteur, que l'on a rendu fou, appelle de nouveau Maman. Elle me raconte :

« J'ai l'impression d'avoir fait un retour en arrière sur le film de ma vie. Je l'entends au bout du fil, exactement dans le même état que la dernière fois, me répétant que c'est incroyable, incroyable et surtout incroyable ! Il m'a raconté que Célia est revenue chercher un certificat médical pour partir à Safaga, en Égypte, pour deux mois. Elle était surprise qu'il se souvienne d'elle, car elle n'avait vu ce médecin qu'une seule fois, deux ans auparavant.

– Je doute de plus en plus de la capacité de discrétion de ce très redoutable Richard !

– Je t'avoue que moi aussi... Il m'a dit qu'il avait effectué des recherches sur Internet, il a essayé de contacter plusieurs centres de recherches, qui lui ont pratiquement raccroché au nez ! Un seul l'a écouté et a tenté de le rassurer en lui expliquant qu'il existait seulement vingt-deux physionomies différentes sur la Terre. Pour près de neuf milliards de personnes, c'est tout de même très peu. Il m'a reparlé du bip exigeant une remontée rapide d'informations, etc. Je l'ai sermonné en lui disant qu'il avait de la chance que je n'en parle pas à mon fils. J'ai ajouté que sinon tu procéderais à sa radiation de l'Ordre des médecins !

– Mais tu as raison, c'est bien ce que j'ai envie de faire !

– Tu es fou !

– Ne t'inquiète pas Maman, je n'en ferai rien, sinon son doute deviendra une certitude. De plus, il aura tout le temps de fouiller et d'avancer dans sa prospection. Mais qu'a-t-il rétorqué ?

– Il y a eu un silence comme s'il imaginait les conséquences de mes dires ou alors il regrettait peut-être de s'être confié à moi. Il m'a fait jurer que je n'étais au courant de rien et s'est justifié en décrivant la bizarrerie qui se produit en lui, quand il voit cette fille. Il a l'impression d'être entré dans un vieux film qu'il a vu deux fois et qui s'intitule *Retour vers le futur* !

– Je connais. »

Septembre 2048, c'est la dernière année universitaire de Célia. Ses vacances se sont déroulées à Safaga. Le scénario est à l'identique de celui de l'année dernière. Maman émet pour seul commentaire que Safaga a de nombreux jardins coralliens, c'est ce qui diffère de

Sharm el Sheikh. Célia est du même avis. Notre docteur bouleversé a suspendu vraisemblablement son enquête.

Célia en juin prochain s'orientera vers un métier. Je demande à Maman si le pseudonyme Fred a réussi à savoir ce qu'elle a l'intention de faire. Maman m'informe :

« Tu sais que Fred a bougé depuis longtemps...

– Ah non ! J'ignorais cela.

– Il n'est plus en Chine, mais à Abidjan en Côte d'Ivoire. Fred est un chercheur qui ne sort plus beaucoup, ce qui m'évite de parler du Pays.

– Un chercheur… ! Tu n'as donc jamais gaffé ?

– Rien qu'elle n'ait relevé en tous cas. Donc pour le moment Fred n'est pas au courant de ce que Célia envisage après juin 2049.

– L'avenir nous le dira !

– Cela faisait bien longtemps que je n'avais pas eu droit à cette réplique ! »

CHAPITRE IV

Et nous voilà en juin 2049, Célia termine son cycle universitaire comme elle l'a commencé, c'est-à-dire, brillamment. Elle ne quitte pas la région de ses études supérieures du jour au lendemain. Non, elle organise ou participe à une succession de fêtes d'au revoir ou d'adieux suivant les circonstances. Son paquetage est déjà prêt, la semaine de festivités terminée, elle s'envole pour être monitrice de plongée, sur un bateau perdu, au milieu de l'Océan Indien. *Doppia Vita*, en accord avec sa vie, quitte la métropole pour plonger tous les jours dans les eaux paisibles des Maldives.

Le déjeuner qui suit cette nouvelle prend une tournure particulière. Maman, âgée de 73 ans, accuse le coup de ce scoop. Célia n'a plus d'ordinateur depuis quelques semaines, c'est donc moi qui l'informe de tout cela. Célia, lui en avait bien touché deux mots, il y a quelques mois, en lui évoquant cette possibilité, mais elle n'était pas revenue sur ce sujet depuis.

Maman m'exprime son étonnement :

« Célia choisit les Maldives… Ça alors, je n'en reviens pas ! Pourtant, c'est la suite logique ; elle est passionnée par la plongée sous-marine depuis plusieurs années, sa décision est une évidence, pourtant je ressens une grande émotion. La création de mon clone n'est pas une histoire banale, mais je m'y suis attachée de manière surprenante. Célia a fait rapidement partie de ma vie. Bizarrement, je me suis habituée à mon cadeau d'anniversaire hors norme, comme si cela arrivait à chaque quinquagénaire !

Aujourd'hui, il y un début de réponse à la question de ma vie. T'en rends-tu compte ? Son choix correspond à une de mes hypothèses faites lorsque j'avais 23 ans. Si Célia partait au Mexique pour apporter toutes ses compétences à une œuvre caritative, sa vie serait différente de la mienne, mais ne se superposerait pas avec un de mes projets envisagés lorsque j'avais son âge. C'est véritablement perturbant, presque effrayant. C'est la première fois que j'ai envie d'en parler à Albin. De tout lui dire, de tout lui raconter depuis le 21 mars 2026, déjeuner par déjeuner, information par information, anecdote par anecdote…

– Non, Maman, cela n'est pas possible. Tu dois avaler la pilule et ta vie quotidienne reprendra son cours normal, sans que Papa apprenne le moindre détail sur l'existence de Célia. Tu dois te raisonner et accepter cela.

– Tu es dur avec ta pauvre mère ! Avant Célia, je n'avais jamais menti ou caché quoi que ce soit à Albin. Et voilà vingt-deux ans maintenant, mon propre fils m'offre une *double vie* et m'oblige de surcroît à la cacher à mon mari. Tu parles d'un cadeau la *Doppia Vita* Célia !

– Si tu imagines me convaincre que tu regrettes ce cadeau de vie, je ne te crois absolument pas !

– Certes, mais ce présent original produit deux sentiments contradictoires en moi. En effet, je suis bien consciente d'être au centre d'une expérience excitante, je sais qu'aucun autre mortel ne vivra cela. Voilà pour le côté séduisant et accaparant de l'histoire. Maintenant ce qui m'ennuie, c'est d'être tenue au secret scientifique, j'ai longtemps travaillé dans une banque et le secret bancaire ne m'a jamais dérangée, cela faisait partie intégrante de ma profession. Je m'étais fixée une ligne de conduite, celle de ne jamais divulguer le contenu d'un entretien. Sur ce point j'étais irréprochable ! Mais pour Célia, le mensonge par omission touche ma sphère privée. Cette situation est embarrassante pour moi, parce qu'avec ton père notre relation est basée sur la confiance.

– Je comprends, simplement c'est le prix à payer pour jouir de ce genre de progrès. La discrétion est un élément capital pour toute avancée technologique ou biotechnique. Souviens-toi de Dolly, la première brebis clonée naissait début juillet 1996, la presse en a informé le grand public fin février 1997, soit près de huit mois après la naissance de la brebis viable. Huit mois pour s'assurer et valider le succès de l'expérience.

Les scientifiques refusent d'être dérangés sans cesse par les médias avant qu'ils ne soient certains de leurs trouvailles. Ils ne pourraient pas s'expliquer de toute façon sur chaque échec. De plus, ce sont des hommes et des femmes de l'ombre, ils ont besoin d'être longtemps dans le noir avant de venir, sous la lumière des projecteurs, discourir sur le fruit de leur travail. C'est exactement ce qui s'est passé dans les années 2010, fin 2013, je pense, pour l'implantation d'un cœur artificiel sur un homme, une première mondiale. Aujourd'hui, cette pratique est devenue courante, mais les expérimentations se sont faites longtemps dans l'ombre.

Je suis aussi bien placé pour dire que tout scientifique est traumatisé par l'administration. Cette peur de ne pas pouvoir avancer à cause d'un refus administratif, souvent manifesté par un simple courrier adressé directement à la personne concernée. Cette réponse qui tient sur une feuille format A4 est fatalement injuste, face à la demande constituée d'un dossier généralement volumineux. La suspicion arrive rapidement, l'homme de science se pose évidemment la question de savoir si son dossier a au moins été lu ou juste parcouru. Dans le texte figurant sur cette simple lettre, il existe trois phrases types qui expriment selon le cas un refus définitif, une demande de suspension temporaire de ce genre d'expérience ou un décalage de la réponse, ce qui pour certains chercheurs est dramatique. Ce manque de justification laisse libre cours à l'imagination du réceptionnaire du courrier. Il soupçonne alors l'administration d'une incompétence certaine, parce qu'un refus est difficile à encaisser dès lors qu'il est non argumenté. C'est pour ces raisons que beaucoup de chercheurs prennent des risques incommensurables pour avancer. Ils n'établissent aucun dossier, leur recherche est déguisée et enfouie dans une étude au nom inapproprié, désignant une recherche légale. Ils s'octroient cette liberté, craignant un refus de l'administration. Ils n'ont pas envie de perdre du temps à se justifier, à réitérer leur demande, etc. C'est pourquoi, ils s'habituent au silence, à ne rien dévoiler de leurs recherches pour ne pas être "pris".

– Effectivement, il n'y a plus rien de simple. Cela dit, le monde de la recherche est abscons. Certains génies peuvent présenter un danger pour l'humanité, un semblant de recadrage est parfois nécessaire.

– L'équilibre m'apparaît comme laborieux à obtenir. Mais tout cela me conduit à la conclusion suivante : tu fais partie du monde scientifique à ton insu ! Et tu as, du fait de cette appartenance, une obligation de discrétion, très chère Maman ! »

Premier mardi d'août 2049, je viens chercher Maman pour aller à notre déjeuner, elle monte dans ma voiture tout affolée :

« Il faut que je te raconte ce qui vient de m'arriver !

– Bonjour Maman ! Je t'écoute.

– Oh excuse-moi, bonjour Gildas ! Tu vas comprendre pour quelle raison je suis perturbée.

– Je t'emmène dans un restaurant à une demi-heure d'ici. Ça tombe bien, nous avons donc tout le trajet pour parler.

– Il y a une heure, le téléphone a sonné, c'était Richard… il a encore croisé Célia avant qu'elle ne parte. Il était branché sur du dix mille volts. Je lui ai dit que je devais faire une course avant midi pour m'en débarrasser…

– Encore lui !

– Oui, je te l'ai dit dès le début, il ne lâche rien. J'ai donc raccroché, j'ai saisi mon sac à main pour aller à la pharmacie, au coin de la rue, avant que tu ne viennes me chercher. J'ai ouvert la porte pour sortir et je suis tombée nez à nez avec Richard !

– Tu ne l'avais jamais revu depuis son déménagement ?

– Non, jamais. Mais nous communiquons toujours par mail.

– Ça fait quoi de le revoir ?

– Ça fait un terrible choc ! Je lui ai dit que s'il voulait me tuer d'une crise cardiaque, il ne s'y prendrait pas autrement ! J'ai eu alors des pensées hybrides, tantôt dignes de Mary Poppins, tantôt à la sauce Harry Potter ! J'ai hésité entre : « *C'est supercalifragilisticadédélicieux* de te revoir* » ou « *Mais que fait un Moldu** sur mon palier à cette heure-là ?* » (*terme francisé cité dans le film Mary Poppins ** terme désignant une personne ne détenant pas de pouvoirs magiques et ignorant l'existence des sorciers dans Harry Potter). Projetée dans le monde virtuel de Mary ou de Harry, la présence de Richard m'a agacée au lieu de me réjouir. J'aurais dû être contente de le revoir au bout de tant d'années, mais je me suis posé mille questions sur sa présence. D'ailleurs, ses réactions étaient affolantes, il me dévisageait comme si...

– ... comme s'il avait croisé ton clone, peut-être ? »

À cette remarque pertinente, Maman et moi éclatons de rire. Par cette interrogation, j'ai su calmer Maman immédiatement. Du coup, elle accepte mieux les réactions de son ami, et reprend :

« Ce qui me déplaît, c'est que sa visite n'était pas une visite de courtoisie, mais de pure curiosité. Je lui ai donc dit que je partais faire une course et qu'ensuite j'allais manger avec toi comme tous les premiers mardis de chaque mois, que j'étais pressée, que je ne louperai pour rien au monde ce rendez-vous, tout simplement parce que tu es mon fils et que j'ai plaisir à partager un déjeuner avec toi, un point c'est tout ! Dès fois, qu'il trouve cela anormal... J'ai ajouté que s'il le voulait, nous pourrions déjeuner demain ensemble. Il a accepté et est reparti l'air presque déçu de me voir avec le visage d'une femme de 73 ans !

– Cela signifie que vous déjeunez demain midi ensemble ?

– Exactement ! Tu auras le compte-rendu dans quatre mardis. Ah, nous sommes arrivés.

– Oui, allons nous installer pour pouvoir aborder enfin notre sujet favori. »

Depuis quelques jours, Maman m'explique que Célia a récupéré sa connexion Internet ; elle a envoyé un message à Fred, pour lui annoncer son départ pour les Maldives. Deux jours avant de partir, Célia ignorait si elle accèderait à Internet, une fois arrivée au paradis. Miss clone mentionnait dans son mail qu'elle donnerait des nouvelles dès qu'elle le pourrait. Ses mots exprimaient toute une allégresse, Célia jubilait. Cette aventure est l'aboutissement des efforts fournis. Même si dans son courriel, elle reconnaissait avoir certaines facilités, elle soutenait que la régularité de son travail et l'assiduité dans la pratique de son sport favori lui permettaient aujourd'hui de concrétiser son rêve : vivre en plongeant. Enfin, elle citait et s'appuyait sur une phrase que j'avais invoquée dans un précédent écrit : « *Il faut manger pour vivre et non vivre pour manger* » elle transformait cette réflexion pour exprimer son désir profond : « *Je veux vivre pour plonger et vivre de la plongée* ». Elle se moquait elle-même de cette phrase qui ne signifiait pas grand-chose en soi. Maman lui a répondu par sa phrase favorite : « *Je ne sais pas si je plonge pour voyager ou si je voyage pour plonger* ». Elle n'est pas certaine que Célia lira un jour cet adage personnel, puisque son envoi a été émis quelques jours après l'envol de Célia en direction des Maldives. Une fois assise à la table du restaurant, Maman exprime ses appréhensions :

« Nous voilà bien maintenant, quel médecin nous enverra des nouvelles ? Célia s'est évaporée, elle n'a pas d'ordinateur dans ses valises, que va-t-il se passer ?

– Aucune idée.

– Ah oui ! Pour pondre un clone, il n'y a pas de problèmes, mais pour gérer les informations de ma *Doppia Vita*, c'est plus compliqué ! Ce n'est pas très au point Monsieur le chercheur encouragé par de nombreux satisfecit !

– Dans ce genre d'expérimentation, il est impossible de maîtriser l'ensemble des paramètres. Il s'agit d'un humain avant tout, tu sais bien qu'un être humain reste imprévisible.

– C'est possible. Donc disons au revoir à notre Célia pour une durée inconnue…

– C'est un peu cela. »

Maman ne pensait pas si bien dire. Nous avons perdu la piste de Célia Di-Capria.

Au lieu de se passer le premier mardi du mois de septembre 2049, ce repas est avancé au dernier jeudi d'août, car je dois m'absenter pour trois semaines. Cela tombe bien, je suis pressé d'avoir le récit du déjeuner avec le docteur. Maman devine mon impatience, elle s'en amuse et prend son temps avant de débuter sa narration :

« Je suis donc allée déjeuner avec Richard, le mercredi suivant notre dernier repas ensemble. J'étais détendue, probablement grâce à notre conversation de la veille. Richard et moi avons retrouvé notre complicité et j'ai joué à nouveau le rôle de confidente, le temps du déjeuner. Il m'a expliqué, plus précisément que par mails, ses problèmes de santé. Il a des soucis cardiaques.

– Le fait d'avoir changé de région ne l'a pas calmé ?

– Non, justement, je lui ai fait la même réflexion. Avant, il jonglait entre son travail quotidien et de nombreuses gardes. Aujourd'hui, il est débordé par ses loisirs. Je lui ai dit qu'il existe deux types de personnes : celles qui prennent le chemin du stress, celui qui descend et celles qui choisissent la montée qui mène au sommet de la sérénité. Lui est passé de l'état de stress par son travail à l'état de stress par ses loisirs !

– Est-il d'accord avec ce que tu lui as dit ?

– Oui, mais il n'a pas compris que trop c'est trop, quelles que soient ses occupations. Le problème, c'est qu'il devient dangereux pour ses amis plongeurs. Il a des soucis cardiaques qu'il feint d'ignorer.

– Ah quand même !

– Oui, alors je lui ai conseillé de faire sa crise cardiaque, assis confortablement sur son fauteuil devant son poste de télévision, plutôt qu'en plongée au milieu de ses amis… il a rigolé un peu jaune.

– Évidemment.

– Ensuite, nous avons refait le monde comme dans le bon vieux temps. Nous nous sommes quittés ravis d'avoir partagé ce déjeuner. Il est parti apaisé, mais toujours sans explication concernant son étrange rencontre avec Célia.

– Pendant le repas, a-t-il essayé de revenir sur le sujet ?

– Bien entendu. Il a fait plusieurs tentatives et à la dernière je lui ai clairement dit : « *Bon admettons que tu aies réellement croisé mon clone. Tu sais bien que les scientifiques ne parlent jamais à personne de leurs expériences... même sous la torture. Donc si tu crois avoir affaire à l'expérience la plus surréaliste des vingt-et-un derniers siècles, tu n'en sauras jamais rien et tu le sais... donc lâche-moi un peu avec tes visions d'un autre monde et profitons de ce laps de temps ensemble.* » C'est là qu'il a abdiqué.

– En effet, c'est un acharné, tu n'as pas exagéré la première fois que tu m'en as parlé.

– Je n'exagère jamais !

– Remarque, peut-être aurions-nous dû lui dire toute la vérité pour qu'il retrouve la piste de Célia ?

– Très, très drôle ! »

Pendant ces cinq années, Maman et moi poursuivons nos déjeuners. Nous appliquons la théorie de l'attitude positive ; en conservant ce rituel, le clone perdu apparaitra de nouveau.

Je n'ose pas avouer que cette disparition m'arrange bien, en effet je bûche sur une expérience exaltante qui me demande énormément d'énergie. Je n'ai pas le temps de courir la planète à la recherche d'un clone égaré ! La seule disponibilité, que je conserve, se limite aux deux heures de déjeuner du premier mardi du mois.

Maman me montre à plusieurs reprises son agacement avec parfois une ironie déconcertante : « Tu sais Gildas, j'ai plus de 75 ans, chaque jour passé est un jour qui me rapproche de la porte de sortie. Cela ne me dérange pas en soi, mais maintenant que j'ai égaré le cadeau de mes 50 ans… Je suis vraiment contrariée de l'avoir perdu, car je n'ai pas reçu une réponse complète à ma question de vie. C'est un scandale : tu m'offres un jour un cadeau et puis tu ne réagis même pas quand il se volatilise… . » Je me justifie par le fait que pendant toutes ces années, j'ai poursuivi mon travail. Que *Doppia Vita* reste mon expérience la plus mirifique me paraît incontestable, seulement mes tâches en tant que chercheur scientifique sont loin d'être parachevées.

Maman admet et comprend la difficulté de mon travail. Simplement, elle me taquine et cherche à poursuivre mon éducation – j'ai tout de même passé la cinquantaine – en me mettant en garde sur la tournure inattendue et les conséquences dues à la non-maîtrise globale de ce type d'expérience.

Pendant ces cinq longues années, pour Maman qui pour la première fois de sa vie a peur de mourir, les déjeuners se succèdent et se ressemblent. Un évènement vient rompre la monotonie de nos nouvelles, Céliane donne naissance, le 13 mars 2053 à Ilham et Noham. Les naissances se font souvent en mars dans cette famille, mais nous n'avons pas encore eu de jumeaux. J'emmène maman à la maternité. Marielle, qui est maintenant grand-mère, est là. Elle nous regarde émue. Maman embrasse tout le monde, se penche sur les berceaux, elle interroge Céliane, la maman :

« Ils sont mignons, alors comment se prénomment ces bébés ?

– Ilham pour la fille et Noham pour le garçon, répond Céliane. »

Et maman soulagée s'exprime maladroitement :

« Ah c'est bien, ça ne ressemble à rien ! »

J'interviens :

« Maman, tu veux dire que ces prénoms ne te rappellent rien, aucune personne, c'est bien cela ?

– Oui, oui, c'est ce que je pensais », confirme Maman.

Marielle est assise abasourdie et se permet :

« Maman, autant tu es une femme formidable dans la vie de tous les jours, autant tes passages à la maternité n'affichent pas tes qualités ! Tu as souvent la bonne parole, mais entre la naissance de Céliane et celles d'Ilham et de Noham, tu as marqué tes deux passages à la maternité, par des réflexions limites désagréables ou incompréhensibles !

– J'ai sûrement dit des bêtises, mais vous savez combien je suis heureuse d'avoir deux enfants exceptionnels, une petite-fille formidable et deux arrière-petits-enfants magnifiques. Voilà, j'espère m'être rattrapée… Ah ! Je crois avoir une question intelligente : ces deux prénoms

Ilham et Noham doivent avoir chacun une signification, la connais-tu Céliane ?

– Oui mamie, Ilham signifie "inspiration" et Noham "douceur, bonheur", mais normalement c'est Noham sans "H", explique Céliane.

– Voilà, j'ai appris quelque chose. Ce sont deux très beaux prénoms, finit Maman.

– Désolée Maman, c'est vrai que ces évènements sont bouleversants, conclut Marielle. »

Nous quittons la chambre et sortons de l'hôpital. Je dépose Maman chez elle. Papa est en vadrouille, il ira le lendemain à la maternité.

Maman arrière-grand-mère à 77 ans, c'est le seul épisode réellement divertissant de cette longue attente.

Voilà cinq ans, presque jour pour jour, que Miss clone a quitté la France. Partie la première semaine de juillet 2049, Maman et moi n'avons aucun signe de vie de la *Doppia Vita* depuis sa disparition. Je retrouve une trace de son existence en cette fin juillet 2054 : pour préparer mes vacances d'hiver, je farfouille sur le web pour me dégoter une semaine de plongée et me détendre. Je regrette parfois les catalogues papier, j'aimais tant les feuilleter... Je remplis consciencieusement le questionnaire proposé par le moteur de recherche. Mon cœur se met à battre la chamade lorsque j'aperçois un visage doublement familier sur une page où figurent une douzaine de propositions : « *Sur un magnifique et confortable bateau, le RAVIVELI, Clia et tout l'équipage vous feront passer un séjour de rêve...* » En cliquant sur l'icône me paraissant plus alléchante que les autres, je retrouve Mademoiselle Di-Capria. Cette abréviation, volontaire ou non, dans son prénom explique que toutes les recherches Internet de Maman soient demeurées infructueuses. Plus tard, j'apprendrai que Célia a égaré sa carte médicale et qu'elle a changé de médecins les trois fois où elle est rentrée en Métropole. Elle est allée chez celui qui pouvait la prendre sans délai et sans papier. De ces visites sans carte médicale, aucun compte rendu d'entretien ne pouvait remonter au centre de recherches, les médecins n'étant pas informés de cette obligation.

En maintenant le déjeuner mensuel, cette sorte de magie rose finit par fonctionner. Je crois de plus en plus aux théories de Maman !

Le premier mardi du mois d'août 2054, je retrouve l'effervescence de Maman en lui annonçant la bonne nouvelle :

« Incroyable, incroyable !

– Gildas ! As-tu retrouvé Célia ou est-ce Richard qui t'a directement contacté ?

– Mademoiselle Célia Di-Capria travaille encore comme monitrice de plongée aux Maldives. Elle vit sur un bateau nommé le *Raviveli*. Elle me paraît toujours aussi radieuse.

– Mais comment sais-tu tout cela d'un coup ?

– Mercredi dernier, je cherchais un voyage de plongée : je complète précisément le questionnaire stipulant mes dates de départ et de retour possibles, la température minimale de l'eau souhaitée, la couleur de l'eau rêvée, j'indique qu'une croisière plongée ne me déplairait pas, etc. Après quelques instants de réflexion, mon ordinateur m'affiche trois pages de douze propositions chacune. Sur une de ces pages, j'aperçois une personne que je reconnais instantanément…

– Célia !

– Oui.

– Elle n'a pas changé de prénom, pourquoi ne l'ai-je pas retrouvée sur Internet ?

– Parce qu'il y a une erreur dans l'orthographe de Célia, c'est écrit "C-l-i-a", mais tu n'as pas entendu le pire…

– Quoi ? On peut en faire des choses en un lustre ! Elle a fait des enfants, elle s'est mariée ?

– Absolument pas, enfin, je n'en sais rien d'ailleurs.

– Alors, je t'écoute, à quoi correspond le pire ?

– J'ai réservé une croisière d'une semaine sur le bateau de Célia !

– Mais …

– Tu ne dois pas voir ton clone, mais moi rien ne m'en empêche. Cela permettra d'accélérer la remontée des éléments de réponse tant attendus à la question de ta vie.

– Cela me laisse dubitative !

– Tout se passera pour le mieux, il faut simplement avoir encore un peu de patience, ma semaine de vacances est programmée pour mi-février 2055.

– Vivement le déjeuner de mars 2055 ! »

Nous y voilà, le teint hâlé, j'entre dans le restaurant, Maman est venue par ses propres moyens et s'est déjà installée. Mon air réjoui l'agace, ce qui est étonnant, mais compréhensible. Je pressens qu'il faut lui raconter prestement mon séjour :

« Je commence par la fin : tout s'est déroulé à merveille. En fait, une année de Célia se décompose de la manière suivante : elle vit sept mois sur le bateau, y exerce le métier de monitrice de plongée. Ensuite, elle travaille quatre mois dans un laboratoire spécialisé en biologies marines, à Colombo. Le mois qui lui reste lui permet de visiter, parfois presque subrepticement, un des continents qu'elle ne connaît pas. Elle a parcouru les États-Unis, le Mexique, le Canada, la Chine, le Japon… Je ne me souviens pas de tout ! Elle vit sa vie ! Harmonieuse, charmante, pleine d'humour. Un jour, je me suis contenu, si j'avais explosé de rire, personne n'aurait compris. J'entends Célia qui explique la façon de vivre sur un bateau. Elle s'estime bordélique et fainéante. Comme elle est consciente de ses défauts, elle se limite en affaires pour éviter le rangement. Elle a énuméré à son interlocutrice le panel de ses affaires : sept maillots de bain, des dessous, trois paréos, quatre draps de bain, dix hauts, cinq bas, trois paires de chaussures. Une crème solaire pour le corps et le visage, une crème de nuit, du savon, un shampoing, un produit graissant pour les cheveux et une brosse. Paraître maniaque est un leurre pour dissimuler sa fainéantise ! Pour le reste, elle vit d'amours qui passent et d'eau salée !

– Quel romantisme ! Elle a bien raison !

– C'est bien ton clone ! Bien, je continue : à ce repas, une femme, assise à la droite de Célia, se focalise sur ces dernières paroles, elle réagit et lui demande ce qu'elle entend par "amours qui passent" ? Mademoiselle Di-Capria, se redresse et entreprend une réponse osée expliquant ce bout de phrase : « *En fait, j'ai une manière de vivre qui peut choquer certaines personnes, je donne et reçois de l'amour de plongeurs qui séjournent une semaine sur le bateau, ils peuvent être célibataires ou pas, riches ou pas, beaux ou pas, de mon âge ou pas... mais ils sont obligatoirement corrects, respectueux et gentils. Nous passons une nuit ensemble, quelquefois un séjour, mais jamais plus. Le préservatif est de rigueur, la discrétion vis-à-vis des autres plongeurs aussi. Je ne me prends pas pour Vénus, mais en passant dans mes bras, certains hommes règlent un de leurs problèmes, ils retrouvent de l'assurance et s'ils sont mariés, ils le resteront alors... . En métropole, le quotidien use les gens, les couples. Aujourd'hui, beaucoup de personnes, au lieu de gagner en confiance en soi avec l'âge et l'expérience, font marche arrière, régressent pour cause de dépression insidieuse. Avant d'entrer à l'Université, comme j'avais soif d'apprentissages, je me suis longuement intéressée à ce phénomène de dépression latente qui sommeille pour ainsi dire en chacun de nous. Je voulais savoir pourquoi ce processus se mettait en marche dans certains organismes et non dans d'autres. J'ai trouvé, enfin, j'ai apporté ma réponse, qui n'a aucun caractère scientifique bien sûr. C'est une théorie à la sauce Di-Capria ! J'en ai donc déduit que les personnes qui ressentaient diverses sensations de cet ordre : vieillir, grossir, être découragées, se sentir inutiles au travail, se sentir délaissées par leur conjoint, etc. Tous ces exemples concrets ou non, justifiés ou non, créent surtout chez les hommes, un sentiment de médiocrité, une perte d'assurance, un manque de virilité. Eh bien au risque de vous offusquer : une seule nuit avec moi et ça repart ! Je vous rappelle qu'au départ, il y a une sélection que vous n'avez pas mémorisée parce que ce sont des points positifs : les hommes à qui je me donne sont corrects, respectueux et gentils. J'élimine les collectionneurs de conquêtes. Je vois vos regards choqués, je ne fais que du troc de bien-être ! J'apporte quelque chose à quelqu'un, je reçois de la reconnaissance en retour. Il n'y a pas de mal à se faire mutuellement du bien, si ? Ai-je répondu à l'incompréhension de ce bout de phrase "amour qui passe" ?* » Sa voisine interloquée, demande alors à Célia comment elle réagirait si elle se retrouvait à la place de la bobonne cocufiée, restée seule au domicile conjugal, qui s'occupe des mouflets, suit leurs devoirs, les emmène chez le médecin, les conduit à leurs loisirs pendant que monsieur est dans les bras d'une belle blonde, sur un bateau de plongée, aux Maldives ? Célia, toujours d'un calme olympien et avec un vocabulaire étonnant, complète son raisonnement en disant qu'elle a choisi cette vie parce qu'elle ne se sentait pas capable d'assumer, une vie "normale", rassurante pour ses ascendants, bien rangée : avoir un travail honorable, bien se marier et avoir de beaux enfants.

– … vie normale et bien rangée, travail honorable, un bon mari et de beaux enfants… Ah ça c'est fort, ce sont mes mots, et le contraire de ma façon de concevoir la vie. Comme dirait mon ami le docteur : c'est incroyable !

– Après cette précision, sa voisine qui, manifestement, n'accepte pas de comprendre la vision atypique de la vie qu'a adoptée Célia depuis des années, lui pose une dernière question : « *Célia, que se passerait-il, si tu venais à tomber amoureuse et que ton fiancé te trompe ou te quitte pour une autre ?* » Miss clone réfléchit et répond pour taquiner sa voisine : « *Le plus tôt serait le mieux ! Je te rassure, j'ai déjà été très amoureuse d'un garçon. Quand la liaison s'interrompt, quelle qu'en soit la cause, cela fait mal physiquement et moralement… et puis ça passe. Il faut rationaliser sa pensée. Peu importe la raison, l'esprit doit réussir à se surélever, à faire abstraction des détails. Qu'il me quitte parce qu'on ne s'entend plus, parce que l'herbe est plus verte ailleurs, parce que je suis invivable ou parce qu'il ne sait pas lui-*

même, peu importe. Les deux données du problème sont : premièrement, je suis amoureuse, deuxièmement, il est parti. Le résultat est : j'ai mal. La suite passe par une phase d'acceptation et de rebond. » La voisine lui lance qu'elle est perturbante et affolante, que ses idées sont dérangeantes, mais peut-être justes !

– Elle a donc convaincu sa voisine ! Ma *Doppia Vita* est très lucide. Il est vrai que l'on s'attarde davantage sur un évènement triste que sur un évènement joyeux. Combien de personnes, après avoir ri une minute, conservent cette euphorie jusqu'au lendemain ? Combien de personnes pleurent une minute et passent à autre chose dans les instants qui suivent ? Pourquoi cette répartition des émotions est-elle si injuste ? Pourquoi arrivons-nous à être amnésique à la joie et pourquoi pas à la peine ? Je suis persuadée que tout est une question d'éducation, de croyance. Regarde, certaines civilisations sont effondrées lorsque leur chef, très âgé, meurt, parce qu'il incarne la sagesse, le savoir, etc. Nous, nous sommes inconsolables pour la perte d'un enfant… L'émoi ressenti est très différent suivant nos archétypes. C'est ce que Miss clone a voulu faire comprendre à sa voisine.

– Célia a de grandes qualités de négociatrice. Elle possède de grandes qualités *tout court*, d'ailleurs ! Avant de partir, je m'étais auto-briefé sur la situation que j'allais vivre. Je partais séjourner une semaine sur un lieu limité en espace, avec le clone de ma mère ! Je devais me décrire cette situation chaque matin. Je me doutais du charme que dégagerait Célia, il m'était absolument interdit de tomber dans ses filets de séduction. J'appréhendais cela, car son visage m'est bien plus que familier, je devais être prudent avec ce mélange d'émotions qu'il est parfois complexe de trier.

– Serait-ce Œdipe le retour ? Non, je plaisante, je me doute que c'était loin d'être évident !

– C'est le moins que l'on puisse dire ! Mais comme j'avais devancé tout cela, je me suis plutôt bien amusé, pour finir.

– As-tu discuté seul avec Célia ?

– Plusieurs fois, c'est vraiment hallucinant !

– Raconte-moi !

– Un jour, nous parlions de choses et d'autres, de laboratoires de recherches peut-être, car elle travaille quatre mois par an dans ce domaine. Ce n'était pas notre première conversation, mais tout à coup elle me dit que c'est étrange, je lui rappelle quelqu'un. Il s'agit d'un garçon qu'elle n'a pourtant jamais vu. Cela se situe dans notre manière commune de parler des choses, de la plongée… elle me parlait de Fred, un étudiant qui, à une époque, s'était exilé trois ans en Chine pour ses études.

– Ce n'est pas possible ! C'est une véritable fiction ta croisière !

– Ce n'est pas terminé ! Elle n'a pas compris pourquoi, il ne lui a pas répondu quand elle a quitté la métropole. Comme il n'avait pas de téléphone et qu'il était allergique aux réseaux sociaux, elle n'avait aucun autre moyen pour le contacter. De colère, elle a viré le site de plongée qu'elle avait fait, puis elle est partie sans ordinateur, de toute façon, elle changeait de vie. Elle a ajouté, c'est marrant comme on peut s'attacher à des connaissances virtuelles ! Elle en parlait sans arrêt : ce Fred, l'a influencé pour son premier voyage aux Maldives, ce qui a changé sa destinée. Sans connaître ces îles, sa vie serait différente. En fin de conversation, elle me dit : « *Si j'avais été plus timorée, plus calme, mon chemin de vie serait très différent !* » Tu te rends compte, j'ai senti le malaise vagal arriver !

– Nous n'avions pas réfléchi dans ce sens. Ce que tu me dis est très intéressant.

– Ah oui ! Le lendemain de la fameuse conversation de Célia avec sa voisine de tablée, lorsque Miss clone a évoqué son épicurienne théorie du quotidien, je suis revenu à la charge. Je lui ai dit que j'avais entendu son raisonnement et qu'il m'avait fait sourire. Elle m'a tout de suite demandé si j'étais marié, je lui ai répondu par la négative et l'ai rassurée sur mon équilibre métaphysique. Elle compléta alors sa réflexion de la veille en me disant que beaucoup de gens "biens" deviennent très cons par peur de l'infidélité, de la leur ou de celle de leur conjoint. Elle prétendait qu'une personne ouverte et avenante peut se refermer pour ne pas risquer une tromperie. Elle rigolait et disait : « *Les femmes n'osent plus plaisanter avec d'autres hommes et les hommes s'interdisent de rire avec d'autres femmes, cela représenterait une danse de séduction, donc une recherche active d'un autre partenaire. Pour ne pas s'engager sur un sentier débouchant sur un malaise ou sur un choix, les gens ne prennent plus de risques. Ils se ferment comme des huîtres. Je trouve qu'ils ne savent pas échanger, converser librement. Dans leur travail, quand ils communiquent, c'est pour commander, se défendre, juger, négocier, informer... La communication doit être utile, elle a pour seul et unique objectif : contribuer à améliorer la performance. Si ça ne sert pas à ça, deux collègues de sexes opposés ne se parlent même pas, ils n'en voient pas l'intérêt ! Si j'étais restée vivre en France, j'aurais proposé mes services pour être Ministre du plaisir !* » Je l'interrompis pour lui demander plus de précisions, qu'elle s'empressa de me fournir : « *C'est très simple, ce ministère consisterait à créer des structures, permettant le retour d'une bonne communication entre humains, à insérer des heures de cours, dans les écoles, dès le plus jeune âge, sur la courtoisie, le savoir être, la gestion du comportement, l'apprentissage à vivre parmi les autres, etc. L'éducation des parents, la scolarité, la vie active, dans ces trois lieux d'évolution, les acteurs n'accordent pas suffisamment d'importance à cette notion de plaisir. Les gens croient toujours devoir choisir entre travail et loisir, entre obligations et amusements. Très peu de personnes comprennent qu'il faut certes, fournir une certaine dose de travail pour obtenir le métier que l'on vise, mais avant cela il faut réfléchir sur ce que l'on recherche et sur ce dont chacun a besoin pour aller bien. Est-ce que c'est de l'argent, beaucoup d'argent ? Est-ce que c'est de la liberté, de l'évasion ? De quoi avons-nous besoin pour vivre bien ? Crois-tu que beaucoup de personnes prennent le temps de s'interroger de la sorte ?* » Bien évidemment, je partageais cette nouvelle théorie de Célia. Entre toi et ton clone, je suis immergé dans un bain de théories. Je lui ai répliqué que je pensais comme elle, c'est bien pour cela qu'à 51 ans, j'étais célibataire. Je lui ai expliqué que c'était un choix de ma part et que j'avais eu la chance d'avoir des parents qui m'ont bien éduqué sur le sujet : penser à quelle direction prendre avant de s'engager dans celle-ci. Sais-tu ce qu'elle m'a répondu ?

– Que tu avais de la chance d'avoir des parents comme cela ?

– Presque, elle m'a dit que mes parents devaient être des gens bien. J'ai complété votre description en disant que vous formez un super couple et que je ne retrouve pas cette frayeur de l'infidélité chez vous. Que votre couple est basé sur la confiance réciproque. Que vous vous sentez tous les deux bien ensemble, mais également bien individuellement et ouverts aux autres. J'ai même renchéri en ajoutant que vous vous êtes vraiment bien trouvés, parce que faits l'un pour l'autre. Vous jouez chacun de votre côté une jolie mélodie et votre couple est au diapason !

– C'est magnifique, Albin serait content d'entendre tes paroles.

– Mauvaise idée, Maman !

– Oui, je sais. Je te dis simplement que ton père serait touché et ravi par ton discours sur notre couple, c'est tout ! Je vois que tu as bien sympathisé avec mon clone !

– Attends, le mieux c'est que je lui ai vendu pour presque rien un ordinateur, acheté juste avant la croisière. Je lui ai fait croire que j'avais un filon pour en avoir un autre au même prix, que cela ne me posait pas de problèmes de lui laisser celui-ci. Elle pourrait refaire un site de plongée et, qui sait, retrouver Fred.

– Elle va donc retourner sur Internet ?

– Je n'ai pas eu le temps de regarder cela depuis mon retour, je te laisse le soin d'entreprendre cette perquisition dans le cybermonde.

– Je suis finalement ravie que tu sois parti sur ce bateau de croisière, pourtant je n'étais pas vraiment euphorique à l'annonce de cette nouvelle.

– Ah j'ai oublié de te raconter les pâtes !

– Quelles pâtes ?

– Un soir, le cuistot annonce le plat préféré de la belle monitrice de plongée : des pâtes à la sauce tomate et au basilic ! Je fixe alors Célia et la vois impatiente, exactement comme toi lors de notre déjeuner du mardi.

– Qu'avons-nous de particulier ? Nous bavons, peut-être ?!

– Non ! Mais cet émerveillement en vue d'une future délectation de pâtes me surprendra toujours !

– Tu ne sais pas ce qui est bon ! Tu n'es pas si bien éduqué que ça !

– Enfin, j'ai bien ri intérieurement. »

Quelques mois s'écoulent, à notre dernier déjeuner de l'année 2055, Maman revit :

« Ça y est ! Célia a créé un nouveau site de plongée, je comprends qu'elle ait mis un peu de temps pour l'élaborer, il est complet, parfait : les photos sont féeriques, les détails sont pertinents, les textes sont bourrés d'informations intéressantes, constructives. C'est vraiment un joyau ! Le site contient un article sur les Maldives et leurs coutumes : une femme qui n'est pas satisfaite de son mari lui dit simplement trois fois *je divorce*, elle en avertit le chef religieux et le tour est joué ! La procédure est la même pour les hommes. Célia commente qu'elle a choisi le bon pays. Dans son site, elle évoque brièvement les festivités et décrit les danses exécutées exclusivement par les femmes, notamment la célèbre Bodu-Beru, qui tire son nom des tambours tendus de peaux de raies, accompagnant cette danse. Il y a le chant, le Raivaru, ça ne ressemble pas à du Johnny Hallyday, c'est tout ce qu'elle peut nous dire !

– Tu veux dire qu'elle aime les musiques de Johnny ? Pourtant, il est mort quand elle était toute jeune !

– Oui, je me suis faite la même réflexion que toi, donc mon pseudonyme Fred, le retour, lui a posé la question :

« *Pourquoi évoques-tu Johnny Hallyday dans ton magnifique site, aimes-tu cet ancien chanteur ?* »

– Qu'a-t-elle répondu ?

– Qu'elle adore ses chansons qui débutent de rien et qui se terminent en apothéose. Elle m'explique qu'elle a lu plusieurs de ses biographies, qu'elle trouve cet homme aux mille excès, que beaucoup de Français idolâtraient, intrigant. Tiens j'ai édité son mail, je te le lis : « *Cela commence par son parcours, il part de rien, comme ses chansons, il ne va même pas à l'école, il grandit dans la rue, il réussira grâce à sa voix et par son travail. Il jouera avec le feu, il croyait qu'il devait mourir jeune, c'est-à-dire avant 30 ans, comme James Dean son idole, il vivra beaucoup plus ! Cette force de la nature a résisté à ses dérives, à ses abus, Johnny Hallyday est de la balle et pourtant il a vendu des millions de disques. Il a fait bouger la tour Eiffel, il a fait vibrer le stade de France et beaucoup d'autres stades, c'était le coach de milliers de français, ses chansons lui ressemblaient, elles commençaient doucement et finissaient par s'imposer de par leur intensité. Johnny Hallyday était l'incarnation parfaite du rêve américain. Il a surmonté les étapes de sa vie grâce à son exceptionnelle envie d'avancer. Certains Français aimaient seulement ses chansons et ne se préoccupaient pas de sa vie tumultueuse. D'autres s'intéressaient à ses déboires.*

Enfin, le caractère de cet homme au regard de fauve était singulier. Certains étaient interpellés par cette star intemporelle semblant avoir quelques faiblesses de caractère, mais malgré cela rencontrant un vif succès auprès des femmes. Sa carrière a connu une croissance exponentielle. Ce côté humain, cet homme, non parfait, rassurait tout le monde, tous ceux qui partaient de rien, en tous les cas ! »

C'est vraiment étrange, avec Célia, nous n'avons jamais échangé sur nos goûts musicaux lorsque nous communiquions par mail, avant son départ aux Maldives. Le terme coach qu'elle utilise me surprend : lorsque je me rendais chez un homme politique pour défendre mon lourd projet des *Villages du Cœur*, je mettais un disque de Johnny dans ma voiture et je me disais : « *C'est le coach meilleur marché que je connaisse !* » En achetant un disque tu en avais pour des mois d'ions positifs, que dis-je des années !

– J'ignorais que tu avais également une théorie sur ce chanteur. Bon, et Fred, qu'est-il devenu ?

– Fred, mon pseudonyme, s'est expliqué sur l'absence de réponse au mail de départ ; ma panne d'ordinateur s'est transformée en un passage d'examen important, de ce fait, Fred n'avait plus eu le temps de se rendre au cybercafé du coin. Il n'a pas réceptionné le message annonçant son départ à temps. Une réponse a été envoyée, mais une fois Célia envolée.

Visiblement, elle était joyeuse de nos cyber-retrouvailles. Fred a changé de secteur, il travaille maintenant dans un organisme financier près de la frontière luxembourgeoise.

– Je vois que tu restes prudente, c'est bien.

– Oui, cela me permet de parler de ce que je connais, si elle revient une semaine en Lorraine, Fred sera en déplacement.

– Je lève mon verre aux retrouvailles virtuelles de ton clone, Célia, avec ton pseudonyme, Fred !

– Doucement, nous allons être internés tous les deux si tu continues à parler aussi fort ! Bien je lève mon verre à cette folle histoire. »

Au repas d'avril 2056, nous trinquons à nouveau, mais pour une tout autre raison. En mars 2056, Maman a fêté ses 80 ans, Célia a fêté ses 30 ans, Marielle ses 52 ans, Céliane ses 29 ans, Ilham et Noham leurs 3 ans. Que de poissons et de béliers dans cette famille !

Maman poursuit ses échanges de mails avec Célia. Bien évidemment, la première réaction de son clone quand Maman lui écrit que Fred se trouve désormais en France, est de répondre que dès qu'elle rentre dans l'hexagone, ils se fixeront un rendez-vous. Elle insiste lourdement pour obtenir une photo de Fred, puisque maintenant il ne communique plus d'un cybercafé, mais de chez lui. Cela doit donc être facile de lui en envoyer une. Célia est donc en attente de la photo de son internaute favori... Maman me confie sa problématique :

« Que fais-je ? Je prends une photographie au hasard sur Internet, j'invente une excuse qu'il va falloir trouver rapidement pour qu'elle n'insiste pas…

– Je crois en effet que la première solution est la mieux, tu sélectionnes plusieurs portraits d'un hypothétique Fred et tu lui balances un ou deux clichés maximum. Gardes-en quelques-uns pour plus tard. Connaissant Célia, elle t'en réclamera dans quelques mois !

– Bien, c'est ce que je vais faire, j'éviterai les images de plongeurs… dès fois que le monsieur sur l'image ait fait un crochet par les Maldives !

– C'est effectivement plus prudent. Le monde est parfois petit. »

Maman recherche activement plusieurs photographies d'un jeune homme ayant la trentaine et trouve un garçon au visage sympathique, pouvant bien personnifier Fred.

Les échanges mails se poursuivent, Célia se limite à commenter ses plongées. Elle ne peut probablement pas tout raconter à Fred, ce qu'elle vit sous l'eau, sur le bateau, dans son lit… Non, elle sélectionne le contenu de ses cyber-conversations !

Au déjeuner d'octobre 2057, Maman est très embêtée :

« La maman de Célia vient de décéder suite à un grave accident de voiture. C'est arrivé samedi soir. Dimanche, les médecins ne se sont pas prononcés, Caroline Di-Capria s'est éteinte lundi à midi. Ce n'est pas une heure pour mourir !

– Tu crois que l'on choisit son heure ! Décidément, Célia a déjà perdu son père dans des circonstances similaires...

– Oui, mais il y a un gros problème : Célia prend l'avion aujourd'hui midi, elle arrive cette nuit en Moselle, l'enterrement aura lieu demain ou après-demain et elle voudrait me voir avant qu'elle ne reparte ! Enfin, c'est Fred, qu'elle veut voir.

– Aïe !

– Oui, aïe ! J'ai mal pour elle : sa mère décède, elle compte sur une maigre consolation, l'occasion de rencontrer son ami virtuel. Et celui-ci est obligé de l'ignorer, de la laisser choir dans ce triste moment. J'ai honte !

– Ne dis pas cela, Maman !

– Ce n'est pas bien ce que nous faisons, nous sommes égoïstes, nous utilisons tous les moyens possibles pour assouvir notre curiosité, sans penser à toute la lâcheté cachée là-dessous ! Célia croit avoir un ami. En plus maintenant, elle a un visage en tête. Certes, tu as créé sa vie, mais là nous abusons de la situation, nous la manipulons, je regrette toutes les tromperies et manœuvres illicites utilisées...

– Tu sais maman, Célia perd sa mère, qu'elle croise Fred ou non ne changera rien à sa peine, tu le sais bien. Si j'ai bien compris, tu ne lui as rien répondu ?

– Rien, en fait, je n'ai consulté mes courriels que lundi après-midi. Donc, j'ai eu connaissance de suite de l'issue de l'accident. Je lui répondrai la semaine prochaine que je suis parti précipitamment dans le sud pour assister aux obsèques d'un oncle.

– Oui Maman, c'est ce qu'il y a de mieux à faire. Tu ne vas pas craquer à ton âge.

– Non, ça va aller. »

Et tout s'est passé au mieux. Célia n'a semble-t-il même pas eu le temps de consulter ses mails. Elle était accaparée par son frère José, qui lui a fait signer toutes sortes de papiers pour pouvoir s'occuper seul de la vente des biens de leurs parents et régler toutes les "joies administratives" qu'occasionne une succession. Célia ne pouvait rester que quelques jours, elle devait retourner sur son bateau. Elle est donc repartie aussi vite qu'elle était arrivée. Comme convenu, son frère gère l'héritage. José est honnête, il s'applique à être équitable et irréprochable. Sa sœur lui fait entièrement confiance et elle a raison. Comme elle a retrouvé une connexion Internet, ils communiquent de cette façon pour gagner du temps. José indique l'avancée du dossier. Un jour, Célia lit dans un mail le montant à six chiffres que son frère lui a fait virer sur un compte en France, soit plus de trois cent cinquante mille euros.

Ces derniers temps, Maman n'est pas en grande forme, Célia a connu une légère baisse de moral. Après divers échanges, par mails, avec Fred, le précieux pseudonyme, Maman me raconte ce qu'elle ressent au déjeuner de décembre 2057 :

« Je ne sais pas si Célia a un coup de blues suite au décès de sa maman ou à cause de cet enrichissement soudain. Elle m'avoue que c'est bien la première fois qu'elle ressent un sentiment de culpabilité, non vis-à-vis de ses parents, mais de ce pécule. Cela lui déplaît de disposer de l'argent de ceux qui n'ont pas eu le temps de le dépenser. Elle me confie de n'avoir jamais pensé à ce que représente, en valeur, l'héritage de ses parents, ni avoir imaginé être orpheline si tôt…

J'ai eu peur qu'elle me demande conseil pour un placement financier ! Je n'ai plus aucune notion de ce qui existe actuellement pour valoriser son épargne.

– Comme son frère est perfectionniste, en lui faisant le virement, il a dû lui suggérer un placement ou lui indiquer les coordonnées d'une personne compétente dans ce domaine.

– Certainement. Toujours est-il qu'elle ne m'a rien demandé à ce sujet. »

Les fêtes se passent bien, mais maintenant Maman m'inquiète. Je lui prends rendez-vous chez un ami neurologue. Je lui explique pourquoi je la conduis chez lui :

« Tu sais Maman, je remarque depuis plusieurs mois déjà que tu as très ponctuellement une ou deux secondes d'absence. Pour moi, c'est dû à un problème neurologique, donc nous allons voir mon ami Christian, neurologue très réputé. Il ne te prescrira que les examens nécessaires, ni plus, ni moins. J'ai entièrement confiance en lui.

– J'espère que je ne suis pas en train de perdre la boule ! Dans deux mois, j'aurai tout de même 82 ans, ce n'est pas rien.

– Oui, mais toi, tu n'as pas le droit de divaguer, de parler de ton clone à tes copines, en reposant ta tasse de thé.

– Ah oui, voilà encore une éventualité non maîtrisée dans ton expérience !

– C'est vrai ! D'ailleurs, je veux t'en parler sérieusement : je ne suis pas médecin, mais j'ai une bonne connaissance de l'anatomie humaine. J'ai passé beaucoup de temps à étudier les circuits neurologiques et notamment le cerveau. C'est pourquoi je suis assez calé sur les maladies existantes dans cette zone.

– Tu penses à quoi exactement ?

– Je pense que tu as une tumeur qui se développe et qui prend appui, de temps à autre, sur un de tes circuits neurologiques, situés à gauche du cerveau, c'est ce qui provoquerait ces micro-coupures de quelques secondes.

– Je vais mourir bientôt, alors ?

– Depuis la *Doppia Vita*, j'ai fait bien d'autres expériences… Il y a cinq ans, j'ai trouvé une substance à la fois malléable, naturelle et résistante qui pourrait bien faire des miracles dans ton cas.

– Encore une expérience sur moi ?

– Oui, seulement si j'ai ton consentement.

– Et en quoi, cela consiste-t-il ?

– Imagine cette tumeur – si c'est bien cela, je peux toujours me tromper – au départ, cette petite boule cohabite sans se faire remarquer. Ensuite elle grossit et devient de plus en plus gênante pour ses voisins (un nerf, une veine...). Si rien n'est tenté, la tumeur grandit encore et finit par créer un accident de la circulation. Cela signifie une paralysie, un accident cardio-vasculaire, une asphyxie du cerveau et la mort assurée. Pour éviter le développement de cette tumeur pour le moins dérangeante, Christian, mon ami neurologue, peut injecter la substance malléable, naturelle et résistante. Malléable pour épouser la forme de la tumeur, pour ne pas prendre davantage de place, pour ne pas déranger les voisins. Naturelle pour être acceptée ou pour ne pas être rejetée au choix ! Et enfin résistante, pour supporter, le plus longtemps possible, les pressions exercées par la tumeur qui voudrait poursuivre sa croissance.

– Y'a-t-il des risques au cours de l'injection ?

– Oui, ils sont faibles, mais ils existent.

– Je te fais confiance, je crois en toi, je crois en mon destin, je crois en la vie…

– Le risque minime en vaut la chandelle. Si tu as bien une tumeur, ta durée de vie oscille entre trois mois et huit mois. Cette injection qui constitue une enveloppe peut tenir jusqu'à cinq ans.

– Je t'aime, Gildas.

– Moi aussi, Maman. »

Christian accueille Maman chaleureusement, il ne se force pas. Il met spontanément les gens en confiance, ce qui lui facilite la tâche. Ainsi, tous ses entretiens sont plus détendus, et ce, quelles que soient les nouvelles qu'il annonce à ses patients.

Pour le diagnostic, j'ai visé juste. Tout se décide très rapidement, j'appelle Papa sur les conseils de Maman, au cas où…

Tout se pratique dans la foulée, l'anesthésie est faite à l'aide d'aiguilles, c'est la magie de l'acupuncture. Les convalescences sont beaucoup plus rapides depuis que cette méthode est appliquée pour toutes sortes d'opérations. Cinq aiguilles suffisent à déconnecter complètement le patient de la réalité et à lui éviter les désagréments d'une anesthésie générale. Une fois Maman endormie, mon ami Christian, avec une impressionnante dextérité, applique la substance. Examens, endormissement, évanouissement de Papa, injection, réveil, soit trois heures montre en main. Maman va pouvoir fêter ses 82 ans et encore les trois ou quatre anniversaires suivants. Avant l'intervention, Christian annonçait à Maman un sursis de trois mois tout au plus. À son réveil, Christian sourit à sa patiente et lui chantonne que c'est reparti pour au moins cinq ans ! Il doit penser "au plus" mais il dit "au moins".

Nous ressortons tous les trois vivants, mes parents et moi. Avant l'opération, Papa m'a jeté un regard que je déteste. Je ne lui en veux pas, il a eu peur de perdre sa femme. De plus, c'est un homme droit et cartésien, il craint tout ce qu'il ne maîtrise pas lui-même. Contrairement à Maman qui a une confiance aveugle en moi, mon père émet une perpétuelle réticence vis-à-vis du scientifique que je suis. Il ne peut pas me faire confiance simplement parce que je suis son fils. Il n'a pas connaissance de mes recherches, de mon travail et il n'a pas suivi le dossier, il émet donc une réserve… Voilà chez les Huvelle, la différence fondamentale entre la mère et le père !

En sortant du cabinet de Christian, je suis libéré, je tremblais pour ma mère en y entrant. Un accident, pendant un acte médical, est malheureusement toujours possible. L'année 2058 peut se poursuivre sereinement. C'est d'ailleurs une année calme, sans scoop particulier. Célia semble suivre la courbe du moral de Maman, elle retrouve sa joie de vivre. Ses placements sont faits et comme oubliés, elle poursuit sa petite vie pépère : sur le bateau, plonger-manger-quelques coucheries, puis à Colombo, travail dans le laboratoire, etc. !

L'année 2059 s'annonce bien différente. En janvier, Maman reçoit un mail de Célia qui lui fait part d'une rencontre :

« Elle a marqué "coup de foudre".

– Célia est amoureuse. Surprise !

– Il s'appelle Alban. Écoute bien : il me ressemble, enfin je veux dire qu'il a des airs de Fred !

– Excellent !

– Alban a atterri sur son bateau de plongée, le *Raviveli*, par hasard. Célia l'a tout de suite remarqué.

– Lui aussi, si j'ai bien compris.

– Assurément. Donc, Alban revient la voir dans deux mois. Mais cette rencontre perturbe notre belle monitrice. Elle m'a raconté, qu'elle a sauté à l'eau sans ses palmes, que deux plongées plus tard, elle a oublié de brancher sa bouteille sur son détendeur et une troisième fois elle s'est mise à l'eau, elle a réuni les plongeurs qu'elle accompagne puis leur a indiqué que tout le monde pouvait commencer à descendre. C'est alors qu'elle a remarqué qu'elle n'avait pas pris son masque ! Tous ces genres d'oublis ne lui étaient jamais arrivés auparavant. Il est difficile de pratiquer la plongée sous-marine lorsque l'on a la tête dans les nuages et l'esprit sur la lune !

– Notre Célia serait troublée à ce point…

– Enfin Gildas, ce n'est pas parce qu'elle tient des théories que personne ne comprend et qui font peur, que mon clone est sans cœur. Je sais ce que c'est d'avoir des néo-théories, elles dérangent obligatoirement tout le monde : ceux qui sont d'accord, parce que cette conception ne leur appartient pas et ceux qui sont opposés, par crainte ou à cause d'une mauvaise compréhension des propos exposés. Je crois que Célia fait preuve d'une grande magnanimité, simplement elle est souvent incomprise. Même si jusque-là beaucoup d'hommes sont passés dans ses bras, c'est pour elle son interprétation de l'Amour avec un grand A. C'est aimer, donner de l'amour et en recevoir. Après c'est une simple question de grammaire, peut-on mettre Amour avec un grand A au pluriel ou ce terme doit-il rester au singulier ?

– Ce qui est certain, c'est que toutes les deux, vous êtes exceptionnelles et singulières à la fois. Vous êtes doublement rares, mais chacune à votre manière, chacune avec ses propres théories.

– Alban sera présent le mois de son anniversaire. Alban tout de même…

– Quoi ?

– Il n'y a qu'une lettre qui change entre Albin et Alban !

– Ah oui, c'est amusant !

– Oui, voire troublant. »

Au déjeuner d'avril 2059, Maman arrive avec quelques impressions de mails et me rassure :

« Ne t'inquiète pas je les imprime juste avant de venir, je les mets directement dans mon sac. Albin n'a pas le temps de tomber dessus.

– Mais pourquoi fais-tu cela ?

– Gildas, je te rappelle que nous sommes en avril 2059, que ta mère est née en 1976, qu'elle est donc âgée de 83 ans, vois-tu ?

– Non, je ne vois pas une femme de cet âge assise en face de moi, mais bon, admettons !

– En plus, cette personne âgée devrait déjà être morte, il y a un an. D'accord, pour une morte elle se porte bien ! Gildas, tu pourrais être indulgent et comprendre que j'ai besoin d'aide-mémoire pour te narrer ce que m'a raconté Célia par courriels.

– Je te fais remarquer que tu t'emportes et que tu devances mes hypothétiques inquiétudes !

– C'est vrai, je suis un peu fatiguée, je vis dans la psychose d'avoir une défaillance et qu'Albin trouve un indice sur l'existence de Célia.

– Ah ! Ce n'est pas bon tout cela. Christian a probablement dû te conseiller de rester le plus calme possible, d'éviter toute cause d'énervement, non ?

– Oui, mais depuis qu'Albin est à la retraite, l'obligation de discrétion s'avère beaucoup plus compliquée.

– Écoute Maman, il ne faut pas que cela devienne une source de tracas. Si Papa soupçonne quelque chose, je crois que l'on pourrait le mettre au courant. Seulement, si cela se produit, tu m'appelles et je viens tout lui expliquer, d'accord ?

– D'accord, voilà un grand soulagement. Mais je te promets d'être tout de même vigilante. Bien, revenons à notre Célia et à son Apollon ! Il semblerait que ce soit l'amour fou, ils ont établi tout un programme : Alban viendra la voir au moins une fois par trimestre, sur le *Raviveli* ou à Colombo. Il va passer les échelons de plongée suivants : Niveau IV avant mars 2060 et Monitorat avant mars 2061. Il ne faut pas oublier qu'il travaille comme directeur artistique dans une importante maison d'édition. En septembre 2061, il vient vivre avec Célia sur le bateau, elle continue d'organiser les plongées et de servir d'accompagnatrice aux différents groupes de plongeurs. Lui filmera les plongeurs et leur proposera le vrai film de leurs plongées à la fin du séjour. Actuellement Célia possède un camerafish, tu sais c'est une caméra embarquée sur un boitier en forme de poisson, téléguidé ou programmé à suivre une balise, ce qui lui permet d'avoir une vidéo de chaque plongée. Voilà leurs plans, ensuite, avec leurs économies, ils investiront dans l'achat de leur propre bateau.

– Eh bien pour quelqu'un qui vivait au jour le jour, quel changement !

– C'est un virage à cent quatre-vingts degrés. »

Déjeuner d'avril 2060, Maman entre dans le restaurant, comme à son habitude, les feuilles à la main, Maman a perdu un peu de sa vitalité, mais elle reste saine d'esprit, et semble donner à ces déjeuners une dimension nouvelle. Nos rencontres deviennent de précieux instants, elle sait que le compte à rebours est enclenché. Pourtant, elle attache toujours autant d'importance au cadeau de ses 50 ans. Elle commence :

« Souviens-toi, il y a un an, presque jour pour jour, je t'énonçais le programme de Roméo et Juliette !

– Oui, aux repas précédents, tu m'as déjà dit qu'Alban revenait bien tous les deux ou trois mois, comme ils se l'étaient fixé.

– Alban est un homme de parole, il s'est inscrit pour le niveau IV, il l'a passé comme Célia à Niolon. Il l'a eu du premier coup. Il prépare maintenant son monitorat et encadre des cours de plongée, dans un club de sa région.

– Au fait, de quelle ville vient-il ?

– De la capitale, c'est un Parisien. En fait, il habite Paris depuis qu'il travaille pour cette maison d'édition. Il est originaire des alentours de Dijon. Célia m'a envoyé sa photo, c'est vrai que c'est le sosie de Fred !

– C'est peut-être son clone ! »

Maman fatigue, mais elle conserve sa confiance envers la substance miraculeuse, garde du corps de sa vie. Elle respecte scrupuleusement les consignes de Christian pour tenir le plus longtemps possible. Maman est d'une nature très curieuse. Je sais que les aventures de son clone la stimulent pour rester encore un peu parmi nous !

En avril 2061, nous fêtons l'obtention du monitorat d'Alban, Maman plaisante :

« Se réjouir pour la réussite du petit ami de son clone n'est tout de même pas banal !

– Alors maintenant qu'Alban est diplômé, que fait-il ?

– Sa société lui accorde une année sabbatique, de janvier à décembre 2062. En posant le solde de ses congés, il sera libéré début décembre de cette année. Il a prévenu

Célia qu'il avancerait "Noël" à début décembre pour le fêter avec sa famille, et la rejoindrait ensuite.

– Leur planning prévisionnel est tout à fait respecté, il ne reste plus qu'à choisir le bateau et le prénom du bébé…

– Tu vas un peu vite, à ma connaissance mariage et bébé ne font pas encore partie du programme. »

Les festivités de fin d'année 2061 se passent bien, nous sommes au complet chez Maman. Elle est ravie. Je m'en veux de me focaliser sur ce mauvais présage, je ressens un "au revoir" ambiant ; comme si son frère, sa fille, sa petite-fille, ses arrière-petits-enfants, par leurs bisous de remerciements, la saluaient une dernière fois… L'après-Maman sera très difficile.

En mars 2062, nous reprenons le tour des anniversaires : 86 ans pour Maman, 58 ans pour Marielle, 36 ans pour Célia, 35 pour Céliane et 9 ans pour Ilham et Noham.

Maintenant Maman se bat, elle fournit d'immenses efforts pour tenir encore. Elle est ravie de souffler tant de bougies !

Du côté des Maldives, à la fin mars, les sept mois de plongée s'arrêtent. Célia rejoint alors son laboratoire à Colombo. Bien évidemment, Alban suit sa douce. Comme il est plus disponible qu'elle, la lourde charge de trouver le bateau de leurs rêves lui revient. C'est ce que me raconte Maman au déjeuner d'avril 2062 :

« Les croisières plongées s'arrêtent vers le 20 mars. Voici quinze jours qu'Alban est investi de cette mission. Il rentre tous les jours avec des devis, des photos. Célia n'est pas satisfaite par ce qu'il lui présente. Elle émet une judicieuse proposition, son idée est de construire un nouveau bateau. Mis à part le délai de construction, le prix reste abordable, ils auront exactement ce qu'ils veulent et flambant neuf ! Pour ce projet, ils doivent se faire aider par un architecte naval. Et grande avancée, voici ce qu'elle m'a écrit, je te le lis : « *J'ai eu une pensée que je n'avais jamais eue avant : vais-je faire un enfant un jour ? Tu te rends compte Fred, je n'y avais sincèrement jamais pensé jusqu'à Alban...* »

– Ah, je voyais donc juste pour le prénom du bébé !

– Fred lui a simplement rappelé qu'à son sens, il est formellement contre-indiqué de plonger en étant enceinte, et pourquoi acheter un bateau si elle ne peut plus plonger. Dans sa réponse, Célia précise que c'est une idée qui lui a traversé la tête... Puis, elle complète sa réponse en disant qu'Alban est maintenant moniteur de plongée, qu'il peut, s'il le faut, prendre le relais pendant sa grossesse !

– Incroyable !

– Ah voilà bien longtemps que je n'avais plus entendu ce terme. T'avais-je dit que mon pauvre Richard est décédé brutalement d'une crise cardiaque ?

– Non, quand est-ce arrivé ?

– Oh, ça s'est passé en même temps que ma tumeur, j'étais embrouillée et j'ai complètement oublié de t'en parler.

– Je comprends.

– L'ironie du sort veut qu'il soit mort d'une crise cardiaque alors qu'il était assis dans son fauteuil devant son poste de télévision allumé… Il est mort comme je le lui avais demandé ! »

Notre repas d'août 2062 se passe bien, la grande nouvelle est que la construction du bateau est en cours, il sera prêt pour la rentrée des croisières plongées, en septembre. Au pire, Célia louera un ou deux mois le *Raviveli* pour débuter la saison.

Maman me téléphone le 18 août 2062 à 11 h, elle me prie de venir la chercher pour aller déjeuner. J'ai d'abord pensé à une surprise pour mon anniversaire qui est normalement le 23 août, je ne lui pose pas de questions et une heure après son appel, je suis devant la maison. Maman ouvre la portière de ma voiture alors que je m'apprête à sortir de celle-ci. Elle me dit :

« Bonjour Gildas. Je préfère partir sur-le-champ, s'il te plaît. »

Le restaurant se situe à moins d'un kilomètre de chez elle. J'opte de patienter avant de lui demander ce qu'il se passe. Assis à table, je n'ai pas le temps d'ouvrir la bouche, Maman murmure :

« Célia a eu un accident de plongée…

– Que dis-tu ?

– Célia Di-Capria est entre la vie et la mort. Elle est dans le coma. Alban m'a envoyé un mail cette nuit. Avant de repartir, sur un bateau de plongée, pour sept mois, Célia a fait une ou deux plongées pour tester son matériel. Hier après-midi, elle est allée plonger. Aujourd'hui, les plongées se font pratiquement partout dans le monde, au Nitrox, troisième génération, ce mélange qui permet d'avoir le corps moins chargé en azote. Aux débuts du Nitrox, la profondeur maximale requise était de quarante mètres. Avec la dernière génération de ce mélange, cette limite est passée à cinquante-cinq mètres.

– Je connais ces différences maman, le Nitrox d'hier et d'aujourd'hui, mais que s'est-il donc passé ?

– Je t'ai parlé de l'évolution du Nitrox, mais ce qui n'a pas changé, c'est le fait d'inscrire le prénom du plongeur sur la bouteille de plongée, parce que le mélange contenu est personnalisé. Célia a pris la bouteille d'une Célina. Personne ne s'en est aperçu, parce que Célina a eu des nausées et a préféré ne pas plonger. La bouteille de Célia est donc restée sur le bateau, Célina n'a eu que les désagréments d'un mal de mer. À trente-cinq mètres de profondeur, Célia a eu l'euphorie des profondeurs avant de tomber en syncope. Elle a été remontée par d'autres plongeurs, inanimée sur le bateau. C'est aussi stupide que ça. »

Comme je reste sans voix, maman devance mes questions :

« Célia avait présenté Fred à Alban ! Depuis quelque temps, quand j'envoyais un mail, j'avais indifféremment une réponse de Célia ou d'Alban ! Le premier qui lisait les courriels y répondait. L'accident est arrivé le 17 août 2062 à 15 h et elle a très peu de chance de s'en sortir. Elle est à deux doigts de quitter un paradis concret, sous-marin et terrestre pour gagner un hypothétique paradis divin.

– Je suis doublement triste pour Célia et pour toi. Penser que la *Doppia Vita* puisse perdre la vie d'une manière aussi saugrenue que celle-ci est vraiment agaçant.

– C'est vrai qu'une stupide erreur d'inattention peut engendrer d'énormes catastrophes. Oui, certaines célébrités sont mortes de manière grotesque. Je ne sais pas si tu te souviens ou si tu as eu connaissance du contexte de la disparition de Lady Di, la princesse de Galles. Elle venait de divorcer, ce qui avait provoqué bien des scandales. La princesse Diana était plutôt jolie et menait une nouvelle aventure amoureuse avec Dodie Al Fayed, un homme très riche. Ils étaient à Paris. Après un dîner agréable, ce beau couple monta dans une voiture luxueuse, le chauffeur démarra. Le véhicule roulait à vive allure poursuivi – vraisemblablement – par des paparazzi. Personne n'avait remarqué que le chauffeur était un homme dépressif qui, ce soir-là, avait mélangé ses médicaments avec de l'alcool. Cet acte indélicat aurait pu passer inaperçu si la voiture n'avait pas fini sa course folle dans une pile de pont. Le pont de l'Alma s'en souvient encore, c'est le seul qui est sorti presque intact de cette horrible tragédie. Le 31 août 1997, la princesse Lady Di perdait la vie dans cet accident, à 36 ans elle laissait deux enfants. Son compagnon Dodie décéda également. Son richissime père était effondré. Le chauffeur fut grièvement blessé, mais il a survécu. Ce double drame provoqua un véritable cataclysme, ces morts prématurées ont généré une vague d'émotion, sans précédent, dans le monde entier.

Trente-six ans, c'est également l'âge auquel s'est éteinte la célèbre et pulpeuse Marilyn Monroe. Comme le chauffeur de Lady Di, Marilyn absorbait parfois, sciemment ou non, des cocktails médicamenteux, très dangereux. Un soir un de ces redoutables mélanges lui a été fatal. Cela s'est passé par une belle nuit d'août 1962 !

Leurs vies auraient pu être plus longues, plus belles, plus… Le destin en a décidé autrement. J'espère que je t'ai appris à penser différemment : leur vie aurait pu être plus courte, plus moche, plus….

Célia risque de se volatiliser, comme ces célébrités en août et âgée de 36 ans !

Gildas, je connais toute l'importance de garder cette expérience secrète, mais avant ma propre mort, j'aimerais que tu m'autorises une dernière faveur.

– Je t'écoute.

– Je voudrais raconter toute cette histoire à Albin et Marielle en ta présence.

– Si Célia meurt, le clone secret n'existera plus, la discrétion sur le sujet deviendra alors caduque. Et là, je serai d'accord Maman, tu n'auras plus à cacher cette double vie puisque la *Doppia Vita* aura disparu. J'ajoute que je trouve cette résolution très courageuse. Maintenant si le miracle se produit et que Célia se réveille, alors je prendrai un peu de temps pour réfléchir à ta demande.

– Je te rappelle que mon temps de séjour sur la Terre est limité.

– Je le sais bien. Je sais aussi que tant que je tiens ta curiosité en haleine, tu ne partiras pas !

– C'est fort possible. »

CHAPITRE V

Les jours se suivent et se ressemblent, Alban ne signale aucun changement concernant l'état de santé de sa douce.

Alban est venu rejoindre Célia aux Maldives pour vivre une idylle. Résultat des courses : il se retrouve seul, inquiet, malheureux, avec un millier de problèmes à régler. Alban et Célia avaient commandé un bateau. Il est en phase terminale de construction, mais il ne sera pas prêt pour le 1er septembre... Est-ce bien grave ? Parce que Célia non plus ne sera pas prête pour la rentrée. Alban ne sait pas quoi faire : doit-il assurer les croisières programmées ? Comme toutes ces questions sont trop lourdes à gérer seul, du coup, il se confie à Fred. Maman me raconte tout cela un matin par téléphone, puisque notre déjeuner mensuel n'est programmé que quinze jours plus tard. Elle me relate ce qu'Alban lui a écrit :

« Après s'être posé un tas de questions, Alban va relayer Célia pour les croisières. Nous avons longuement échangé sur le sujet et je lui ai conseillé – il est vrai – l'attitude positive.

– C'est-à-dire ?

– De continuer l'activité comme si Célia allait revenir d'une minute à l'autre, cela la fera revenir... à elle dans un premier temps et sur le bateau dans un second temps !

– Il t'a donc écouté ?

– Je pense que c'est ce qu'il envisageait de faire, alors si une petite voix le pousse dans cette même direction...

– Célia présente-t-elle un signe annonciateur de son réveil ?

– Non, Alban ne m'a signalé aucun changement.

– Les docteurs se sont-ils prononcés ? Ont-ils donné un délai ?

– Absolument pas. Ils disent que le temps de coma n'a pas d'importance, les séquelles ne sont plus les mêmes qu'avant.

– Ah bon ? Tiens, c'est toi qui va apprendre quelque chose à ton scientifique de fils : pourquoi les séquelles sont-elles différentes ?

– Pour deux raisons, très cher Gildas : les appareils utilisés sont très performants, ils "aèrent" le corps, comme si celui-ci était en mouvement perpétuel. L'environnement est amélioré, c'est-à-dire, que pour le cas de Célia, un film sur les Maldives passe en boucle sur le plafond de sa chambre. De plus, un casque posé sur ses oreilles permet de reconstituer les bruits habituels de son existence avant le 17 août 2062.

– Je n'avais pas connaissance de ces quelques évolutions dans le milieu hospitalier. C'est donc plutôt positif pour le cas où Célia se réveille.

– Exactement. Bon je dois partir faire une course, je propose de te rappeler uniquement si j'ai du nouveau, d'accord ?

– D'accord.

– Alors, passe une bonne journée, mon Grand.

– Merci, toi aussi, Maman. »

Le 23 août au matin, la sonnerie du téléphone retentit. Je me précipite sur le combiné, persuadé que c'est Maman pour m'annoncer la sortie du coma de Célia. Je décroche, c'est bien elle :

« Bonjour Gildas, tu vas bien ?

– Oui, Maman, alors ça y est, elle est sortie du coma ?

– Euh non pas tout à fait… il est vrai que je t'ai dit que je t'appellerai uniquement s'il y a du nouveau sur l'état de santé de Célia… mais aujourd'hui, c'est ton anniversaire, Gildas…

– Ah zut, c'est vrai !

– Je te souhaite donc un joyeux anniversaire, je suis désolée pour cette fausse joie… mais la journée ne fait que commencer. Peut-être que ta fille de labo fera un merveilleux cadeau à son *papa Gildas* en se réveillant aujourd'hui !

– Enfin, cette journée ne commence pas vraiment bien : à la place d'une bonne nouvelle, tu m'annonces que j'ai un an de plus !

– Quel que soit ton âge, tu devrais toujours écouter ta mère : je te dis que la journée n'est pas terminée. Et nous sommes tout de même bien placés pour croire aux miracles, non ?

– C'est vrai. »

Nous prenons congé l'un de l'autre. Et je me dirige vers la douche afin d'enlever d'éventuelles odeurs de vieillesse ! Non seulement je ne me souviens pas des dates de naissance, mais il m'arrive d'oublier mon âge… aujourd'hui c'est le cas ! Je profite de la douche pour faire un bref calcul. Une fois, lavé, rasé et séché, je connais mon âge : en ce 23 août 2062, je fête mes 61 ans. Que la vie passe vite ! Ce soir, j'ai un rendez-vous galant, tout va bien.

À 20 h, j'entre dans le restaurant où Emma, une charmante femme d'une bonne décennie ma cadette m'attend sagement, assise au bar. Elle m'a été présentée par des amis, nous avons sympathisé lors d'une soirée et souhaitons mieux nous connaître. Pour cela nous avons donc convenu d'un dîner en tête à tête. Je rejoins Emma, le restaurateur, Olivier, est un ami, il vient nous saluer et nous accompagne à notre table. Nous commandons un apéritif, Olivier nous en offre deux autres. En général, je bois très peu d'alcool, mais cet élan de générosité me perturbe, je laisse mon ami me saouler ! Emma est fort sympathique, nous nous présentons l'un à l'autre. La situation l'amuse, elle semble soulagée depuis que je lui ai dit que je n'avais pas d'enfants, donc pas de petits-enfants non plus. Il doit être approximativement 21 h quand la sonnerie de mon téléphone portable retentit. Je prie Emma de m'excuser, ce doit être un appel important. Effectivement, c'est Maman qui m'annonce que Célia est sortie du coma, elle vient de l'apprendre par un mail d'Alban. Dans mon euphorie, je lance : « Super, *papa Gildas* est super content ! » Maman ne s'attarde pas au téléphone, elle me dit qu'elle m'aime et je lui réponds tout à fait logiquement : « Moi aussi je t'aime, je t'appelle demain. » C'est à ce moment précis qu'Emma se lève et quitte le restaurant... Dans mon état second, je ne comprends pas tout de suite ce qu'il se passe... Mon ami restaurateur vient s'asseoir à ma table, à la place d'Emma qu'il vient de croiser, et me demande s'il est responsable du départ précipité de la Dame ? À ce moment précis je comprends tout ; j'éclate de rire. Malgré ce merveilleux fou rire, je tente de décrire la situation à Olivier qui paraît très inquiet : « Je venais de lui dire que je n'avais pas d'enfant... Je reçois un appel de ma mère qui pour se moquer de moi me surnomme parfois *papa Gildas,* elle m'annonce une excellente nouvelle... Je réponds *papa Gildas* est content... Là je perds toute crédibilité aux yeux d'Emma, en plus, je termine la communication par un moi aussi je t'aime ou quelque chose comme cela ! C'est là qu'elle s'est levée et qu'elle est partie. » Je ris et ris encore. Mon ami m'accompagne dans mon fou rire, il semble tout de même embêté par les conséquences de ce quiproquo. Je le rassure rapidement, je lui dis que ce n'est pas dramatique, si ça s'est passé comme cela, c'est que nous n'avions rien à commencer ensemble. Olivier est étonné de ma réaction, soulagé, il se lâche et rit avec moi sans aucune retenue. Qu'il est bon de rire !

Le lendemain matin, j'appelle Maman, je lui raconte mon hilarante soirée :

« … Du coup, j'ai dîné en compagnie d'un autre monsieur, victime d'un lapin. Nous avons pris le menu dégustation, un repas qui n'en finissait pas… Pour le café, Olivier est venu se joindre à nous… nous sommes sortis du restaurant à 4 h du matin ! Il faut dire que j'avais beaucoup de choses à fêter. Bilan de la soirée : je suis toujours célibataire, mais je me suis fait un nouveau pote !

– On peut dire que tu prends la vie du bon côté !

– Pourquoi faire autrement ? Du coup, j'ai passé une soirée vraiment exceptionnelle. Bon, comment va ma fille de labo ?

– Eh bien, les nouvelles sont surprenantes : Célia sortira avant fin août de l'hôpital, elle doit aller ensuite en convalescence dans un centre adapté et dans trois semaines, elle sera comme neuve.

– Formidable. »

Le miracle s'est produit… au déjeuner d'octobre 2062, Maman a un tas de choses à me dire :

« Célia était dans un centre de rééducation lorsque la saison des croisières a démarré, Alban a donc assuré seul.

– Ah oui, il est bien mon futur gendre !

– Ensuite, Célia est sortie de rééducation la dernière semaine de septembre. Elle est sur le bateau depuis une dizaine de jours.

– Rassure-moi, elle ne plonge pas encore ?

– Non, mais ça ne saurait tarder.

– A-t-elle tout récupéré au niveau musculaire, etc. ?

– A priori, elle ne va pas mal du tout. Elle se donne quelques jours pour réfléchir au nom du bateau et à d'autres projets… »

Le déjeuner de novembre 2062 arrive bien vite et les nouvelles fusent. Maman commence :

« Leur bateau a été livré mi-octobre. Entre deux croisières, ils ont vidé le *Raviveli* et aménagé à minima l'*Acqua Paradisio*. Célia et Alban ont trouvé cette appellation italienne à la fois jolie, subtile et compréhensible par le plus grand nombre de touristes, quelle que soit leur nationalité.

– L'*Acqua Paradisio*, oui c'est un joli pied de nez à la vie de la part d'une personne qui ne devrait plus être sur Terre !

– Dans la foulée, Célia a repris du service dès la première semaine, elle s'est limitée à une plongée par jour. C'est sa manière à elle d'être raisonnable !

– Si je comprends bien, la vie reprend son cours, l'idylle suit son chemin et tout est rentré dans l'ordre.

– C'est bien cela. En plus, dans un mail, Célia a exprimé l'envie de procréer.

– Je risque donc de devenir grand-père de labo !

– Oui, te souviens-tu d'une de nos conversations, lorsque Célia était entre la vie et la mort ?

– À quel propos ?

– À propos de tout dire à Albin…

– Ah, je vois… Eh bien organise un repas, mais limité à nous quatre : Toi, Papa, Marielle et moi.

– C'est vrai, tu es d'accord ?

– Oui, Maman, je sais que chaque jour compte et je souhaite que tu partes en paix.

– Tu es merveilleux, tu es vraiment le fils que des millions de mères rêveraient d'avoir ! Le repas aura lieu la semaine prochaine.

– Je t'adore, Maman ! »

Maman nous réunit effectivement tous les quatre la semaine suivante. Marielle est étonnée que Maman n'ait pas convié la famille de Céliane. Je pense qu'elle va très vite comprendre le pourquoi du comment.

Dès l'apéritif, Maman se prépare à aborder le sujet qu'elle voulait évoquer, depuis si longtemps, avec son mari. Papa prend un air décomposé, il se demande si elle ne va pas lui lister des infidélités, il sait que le compte à rebours de la fin de vie de Maman est activé, il doit penser qu'elle souhaite partir en paix et se dédouaner d'un lourd fardeau. Ce que Maman s'apprête à raconter ressemble effectivement à une confession, sauf qu'elle n'est en aucun cas une pécheresse !

Papa est paralysé, Marielle l'intuitive semble pétrifiée. Maman prend un air grave, je pense aux réactions diverses et variées que peut avoir Papa… Quel tableau de famille ! Heureusement que personne ne fige cet instant particulier en prenant une photo !

Maman commence :

« Bien, si je vous ai réunis si peu nombreux, c'est pour vous faire partager les évènements des trente-six dernières années de ma vie dont vous n'avez pas eu connaissance. Seul Gildas est au courant et pour cause ! Tout commence le jour de mes 50 ans, le 21 mars 2026. Gildas m'offre un cadeau très particulier, une de ses expériences… Il me tend une enveloppe contenant l'acte de naissance, daté du jour même, d'une petite fille se prénommant Célia Di-Capria. Affolée, je multiplie les questions et lui demande de m'expliquer ce que tout cela signifie : Gildas venait de m'offrir mon clone, né le 21 mars 2026, le jour de mes 50 ans.

– Quoi ? Intervient Marielle.

– Tais-toi Marielle ! Laisse donc ta mère poursuivre, » réagit Papa.

Maman reprend :

« Oui, Marielle, je sais que c'est une histoire INCROYABLE… mais vraie ! Je vous assure que j'aurais mille fois voulu vous en parler, surtout à toi, Albin. Je ne t'avais jamais rien caché jusque-là ! Je continue, vous devez tout savoir ce soir. *Doppia Vita* est le nom scientifique de Célia. Ce qui signifie double vie en italien. Pourquoi un tel nom ? Parce que Gildas a compris que sa mère s'est toujours posé une grande question existentielle : « *Est-ce que si je n'avais pas été timide, mon chemin de vie serait différent ?* » Pourquoi en italien ? Parce qu'un confrère de Gildas, ayant participé à l'expérience, était italien. Gildas a créé mon clone, mais nous avons une nuance avec Célia : j'étais timide, Célia est née non timide.

Plus tard, Gildas vous expliquera tous les détails techniques de la chose, enfin si cela vous intéresse. Je précise simplement pour rassurer mon juriste de mari, que Gildas a obtenu toutes les autorisations légales pour faire son expérience. Célia a donc été élevée, en Moselle, dans une famille du type Huvelle : un père, une mère, un frère et Célia la cadette de trois ans. Gildas et moi suivions sa croissance par l'intermédiaire de ses médecins. Je passe, car cela fait partie des questions techniques.

Marielle, comprends-tu maintenant, ma désastreuse visite à la maternité ? J'ai vu d'une part, la ressemblance de ma petite-fille avec mon clone, et d'autre part, j'ai entendu le prénom Céliane... presque similaire à celui de mon clone. À ce moment précis, le ciel me tombait sur la tête !

– Pour Ilham et Noham, c'est pareil ! Tu as dit l'air rassuré : « *Ça ne ressemble à rien* ». Je me le rappelle parce que cela m'a fait réagir, complète Marielle, Maman continue :

– Oui Marielle ! Je tenais vraiment à ce que tu aies l'explication de ces deux actes manqués ! Ensuite, Célia a fait des études, à l'Université Royale de Saint-Genis-Laval, près de Lyon. Cette petite s'est beaucoup intéressée à la plongée sous-marine. Elle a mené de brillantes études en biologies marines. Ensuite, elle s'est envolée pour les Maldives pour exercer le métier de monitrice de plongée, sept mois par an, et, pour travailler quatre autres mois dans un laboratoire à Colombo. Célia se réserve un mois de congés pour visiter ou explorer un pays, un bout de continent qu'elle ne connaît pas. Je communique avec elle par mails en me cachant derrière un pseudonyme, Fred, un garçon de son âge. Tu te souviens Albin, le jour où tu as lu un échange de mails encore affichés à l'écran de l'ordinateur...

– Très bien, j'ai eu la frayeur de ma vie ! Mais tu m'as tout de même admirablement bien menti ! » Répond Papa.

Maman poursuit :

« Eh bien, cette fois-là j'aurais vraiment voulu tout t'expliquer, mais ton fils me l'avait formellement interdit. Gildas m'a offert ce cadeau pour répondre à ma grande question existentielle et aujourd'hui, j'ai répondu à cette interrogation.

Célia mène une vie de non timide, une vie en accéléré par rapport à la mienne. Ma *Doppia Vita* brûle la vie. Depuis trois ans environ, elle a rencontré un grand amour, Alban. Ensemble, ils ont établi quelques projets. Le 17 août dernier, Célia a eu un accident de plongée. L'histoire de la *Doppia Vita* a bien failli s'arrêter-là. Heureusement, un miracle a eu lieu. L'histoire n'a été que suspendue, un ou deux mois, puis Alban et Célia ont repris leur idylle. »

Nous en sommes encore à l'apéritif, mais je pressens que nous ne dînerons pas ce soir, nous allons écouter Maman parler :

« J'ai des choses à vous dire, je veux être certaine de vous avoir communiqué certaines de mes théories, vous en ferez ce que vous voudrez par la suite.

Marielle et Gildas, je ne vous ai pas souvent parlé de la Seconde Guerre mondiale et de ce qui s'est passé. Votre grand-père a dû vous en toucher quelques mots puisqu'il avait pris la relève de son père. Il faisait la tournée des écoles pour raconter l'Histoire de la guerre de 1939 à 1945, pour expliquer pourquoi et comment le monde était devenu fou.

Ce léger rappel historique pour vous dire que vous et moi existons parce que mon grand-père a survécu à cette catastrophe mondiale. Comme beaucoup de ces rescapés, Grand-Père a toujours écarté le terme de victime, mais orienté son discours sur la chance d'être en vie, de respirer librement, d'avoir la possibilité de se marier, de procréer, une forme de vengeance par le bonheur... Quand ma mère est tombée malade, j'ai poussé ce raisonnement à l'extrême en disant qu'elle avait eu la chance d'avoir eu le temps de tomber malade... Contrairement au restant de sa famille : tous enlevés à la vie en très bonne santé. Ils auraient aimé tomber malades un jour, plus tard...

Je ne suis pas sénile, j'ai toujours pensé cela. Avoir la liberté de suivre son chemin de vie, quel qu'il soit, avec ses bonheurs et ses épreuves. »

Maman se tourne vers moi et enchaîne :

« Merci à toi, Gildas, grâce à ton œuvre, je parle de la *Doppia Vita*, tu as embelli la dernière partie de mon existence. Ma vie se résume par une longue progression. Aujourd'hui, Célia a 36 ans. C'est à cet âge que j'ai commencé à m'épanouir, à oser exprimer clairement mes idées et ma façon de penser. Je commençais enfin à jouir pleinement de la vie ! Célia n'a pas connu cette progression, et tant mieux pour elle, parce que sans timidité, sans frein, elle a pu ainsi profiter pleinement de ces trente-six années d'existence. Elle n'a pas réagi comme son clone, elle n'a pas perdu d'énergie pour progresser, pour se battre contre cette "tare" très personnelle.

Cet âge, trente-six ans, correspond pour elle comme pour moi à un nouveau départ.

Pour Célia, c'est le départ, après son accident, vers une nouvelle vie, à une vitesse légèrement réduite alors qu'elle vivait, jusque-là, à une vitesse excessive. Ses trente-six premières années en quelques mots : maîtrise, bonheur, enthousiasme, dynamisme, drôlerie, passion, optimisme, plongée, amour... et rapidité.

Plutôt positif comme bilan, non ?

En ce qui me concerne, j'ai passé ce laps de temps à me chercher, je me suis construite beaucoup plus lentement que mon clone, j'ai mis près de trois douzaines d'années à atteindre "un point de départ" : avoir de l'énergie nouvelle, savoir utiliser ma force pour concrétiser mes idées. Quitter la banque pour créer une société n'était pas concevable dix années auparavant.

Célia a été audacieuse et a utilisé sa hardiesse pendant ses trente-six premières années de vie. Elle a été à la fois courageuse et téméraire. Je crois aussi avoir été courageuse au début, j'ai commencé à être téméraire à partir de 36 ans ! C'est à cet âge que je suis parvenue au point de convergence entre le courage et la témérité.

J'ai évolué durant toute mon existence, je menais souvent des combats contre moi-même et cela me gâchait mon quotidien. Célia profite pleinement de sa vie, elle a dû mettre son néocortex – vous savez le cerveau qui maîtrise tout – en route dès l'adolescence !

Passé le cap de mes timides années, me voilà donc d'abord, créatrice d'une toute petite société qui n'embauche que moi ! Cette entreprise couronnée de succès m'a rassurée sur la qualité de mes idées. Mes doutes ont été dissous et j'ose défendre le colossal projet des Villages de la première chance, les *Villages du Cœur*. »

Cette fois, Maman regarde son mari, et poursuit :

« Et c'est toi que je remercie Albin, tu m'as toujours soutenue dans mes démarches. Nous nous sommes mariés le samedi 1er juillet 2000. Merci pour ces soixante-deux années de bonheur. »

Maman a la gorge serrée, elle récupère et revient sur les *Villages du Cœur* :

« À l'inauguration du village numéro un, tout se bousculait dans ma tête, elle me semblait trop étroite pour ce carrefour d'émotions hétéroclites qui s'agitaient dans tous les sens ! Par l'intermédiaire de ce village, j'apportais de l'espoir aux gens. D'ailleurs, j'ai reçu récemment le résultat d'une étude sur le devenir des personnes débutant leur vie active dans un des *Villages du Cœur*. Cette enquête a commencé dès l'implantation du premier complexe. La majorité des ex-villageois ont toujours travaillé par la suite. Si certains ont croisé des périodes de chômage, ils se sont occupés en proposant leurs services à une association, en faisant du bénévolat. Le taux de dépression de la population de ces anciens villageois est inférieur au seuil des 5 %. Alors qu'aujourd'hui près d'une personne sur deux est sujette à ce désagrément au moins une fois dans sa vie. La dépression est une véritable maladie qui peut s'avérer très grave, voire fatale dans certains cas. C'est une maladie bien souvent liée au chemin de vie qu'emprunte chaque personne.

Pourquoi le taux de dépression, chez les ex-villageois du Cœur, est-il pratiquement dix fois inférieur au taux national ? Est-ce parce que les personnes choisies au départ sont des gens avec de l'humour, des gens plus aptes que les autres à s'adapter à différentes situations, à surmonter les épreuves de la vie ?

Est-ce que ces gens ont reçu une leçon de vie inoubliable ? Quand personne ne leur fait confiance, la porte d'un village s'ouvre et ils prennent cela comme une main tendue. Ils s'engagent inconsciemment peut-être à ne jamais discréditer la politique des *Villages du Cœur*. La candidature de chacun de ces villageois a été retenue, ces personnes se sentent investies d'une importante mission, celle de réussir leur vie professionnelle à la sortie du village. Elles se souviendront de l'image de la main tendue et ce sont des gens qui, dès qu'ils le pourront, soutiendront une personne dans le doute. Ce passage dans le village donne de l'espoir et apprend à chaque villageois à regarder son voisin, à s'occuper naturellement des autres.

Je suis certaine que c'est ce regard sur la vie, sur autrui et finalement sur soi qui change… qui change tout. Pas de déprime pour ces gens-là, ils se sentent utiles, soit dans leur emploi, soit par leur bénévolat. S'il y a autant de dépression en 2062, c'est parce que les gens accordent trop d'importance à certains soucis personnels. Ils manquent de projets, ils ne prévoient aucun évènement dynamisant leur vie. Ils n'osent pas aller vers les autres, se rabaissent ; ils se sentent inutiles. »

Maman s'arrête un court instant pour boire une gorgée de champagne, sa boisson favorite et reprend :

« Marielle, je ne t'oublie pas dans les remerciements, tu es une véritable artiste et je t'ai toujours admirée. J'ai eu la chance d'avoir deux enfants exceptionnels. Je suis ravie, car vous avez su vivre heureux et j'allais dire, malgré vos capacités ! Oui, vous avez su gérer avec une grande dextérité votre douance. Comparer vos vies revient à confronter ma vie avec celle de Célia.

Marielle, tu as choisi de travailler, de te marier, de faire un enfant, de divorcer, puis de te pacser et tu es devenue une belle grand-mère !

Gildas, tu as souhaité vouer ton énergie à la recherche, à tes amis et à ta mère ! Vos parcours sont très différents, mais vous avez un point commun qui est votre joie de vivre. Vous êtes bien dans votre vie respective.

Célia adore sa vie, cette passionnée de plongée a su réaliser tous ses rêves. Et moi je trouve mon vécu riche en progressions et en entreprises, et je n'en changerais pour rien au monde.

Mon chemin de vie a été très différent de celui de mon clone, notre nuance est la timidité. Nous sommes bien chacune dans notre vie respective. »

Maman pose son verre vide, nous regarde en souriant et conclut :

« Je compte bien essayer de vous embêter encore un peu, mais je voulais vous dire toutes ces choses.

Ma dernière consigne est de vous interdire de penser à moi autrement qu'en souriant ! Albin compris ! »

À cette soirée inoubliable, comme je l'avais pressenti, nous en sommes restés à l'apéritif ! Nous ne sommes jamais passés à table. Maman a démontré tout l'amour qu'elle portait à chacun de ses convives.

Au déjeuner du mois de décembre 2062, Maman est euphorique :

« J'ai une nouvelle incroyable, comme l'aurait qualifiée mon cher ami docteur disparu.

– Ah, oui ?

– Célia s'est arrêtée de plonger, depuis mi-novembre, pour cause de grossesse !

– Ah... Elle est vraiment rapide cette petite, quand elle prend une décision, l'application en est immédiate.

– Quelque chose ne va pas, Gildas ? Tu me parais soucieux.

– Je le suis, cette nouvelle me réjouit certes, mais cette annonce m'amène une flopée de questions.

– Quelle est la problématique ?

– Et bien, vois-tu Maman, toi et moi ne sommes pas éternels. Admettons que le bébé ait un souci particulier dû au clonage… Si la cause est connue, on peut y remédier rapidement et enrayer le problème. Si les médecins ignares cherchent dans toutes les directions pour tenter de trouver une maladie nouvelle en exclusivité… le problème a alors tout le temps de se propager ou de s'aggraver.

– Et alors, que comptes-tu faire ?

– Rien avant l'accouchement. »

Je fais une courte pause, et j'explique à Maman les bases de mon raisonnement :

« Nous veillons sur Célia depuis 36 ans et jusqu'à présent, nous ne l'avons perdu de vue qu'un lustre. Nous avons 31 années d'informations sur la *Doppia Vita*. Aujourd'hui, Célia est radieuse, heureuse et surtout enceinte. »

Maman m'écoute attentivement et se demande bien où je veux en venir, je poursuis, donc :

« Ce futur bébé est à la fois une merveille et une catastrophe ! C'est merveilleux pour Célia, pour son couple et pour la vie. C'est catastrophique pour nous, parce que nous savons que Célia est un clone, son bébé a la même probabilité – ni plus, ni moins – qu'un autre bébé de grandir avec un quelconque problème…. Autant, je me donnais le droit – et j'ai reçu les autorisations pour ce faire – de cloner pour créer une vie… une vie heureuse… autant je ne me donne pas le droit de cacher les origines réelles à cet enfant, car cette méconnaissance pourrait le mettre en danger. »

Maman comprend :

« Tu comptes tout dire à Célia !

– Pire, je vais faire d'une pierre trois coups : je m'entretiens d'abord avec elle et Alban, puis je les fais te rencontrer, avec Papa et Marielle… mais tout cela une fois que le bébé sera né.

– Tu ne trouves pas que ça fait loin pour moi, Gildas ?

– Oui, je sais, mais c'est sûrement la meilleure manière pour profiter de la substance jusqu'au bout. Maman, tu seras là.

– Le début de sa grossesse est le 13 novembre, le terme est prévu pour le 13 août 2063, et nous sommes à la Saint-Nicolas 2062. Crois-tu vraiment à la probabilité que je tienne jusque-là ?

– J'y crois. Te souviens-tu de ce que tu m'as dit devant la clinique de Christian : « *Je te fais confiance, je crois en toi, je crois en mon destin, je crois en la vie…* » Eh bien crois en ma substance, aussi !

– C'est plus facile à dire qu'à faire, mais je te promets d'essayer.

– Tu seras là, Maman. »

En décidant de cette rencontre et surtout en informant Maman, je tentais là un dernier cadeau de vie pour ma mère. J'étais persuadé que sa curiosité la motiverait suffisamment pour tenir encore et encore… chaque mois de gagné est une mini victoire sur cette tumeur, sur cette tueuse, sur le destin. Lucide, je m'aperçois bien que je perds toute notion cartésienne du processus, mais cette procédure émotionnelle peut tout aussi bien fonctionner que le reste. L'avenir nous le dira.

Mis à part quelques maux de mer fréquents, les premiers mois, la grossesse de Célia se passe tout naturellement. Les déjeuners avec Maman se poursuivent. En février 2063, Maman attrape une mauvaise grippe et pense alors que sa phase terminale commence ! Mais avec un traitement adapté, ce délire ne dure que deux jours. Maman est prévoyante, dès qu'elle a appris la grossesse de Célia, son pseudonyme, Fred, lui a annoncé qu'il avait une mission de huit mois, en Chine, à partir de mai 2063… Maman l'a joué finement puisque Célia décide à six mois de grossesse de venir accoucher en France. Elle rentrera donc le 10 juin 2063, juste avant son septième mois. Alban pourra l'accompagner, la saison des croisières sera terminée à ce moment-là. Nous voici au repas d'août 2063, Maman fanfaronne :

« Félicitations Gildas !

– Quoi ? Célia a accouché et tu ne m'as même pas téléphoné pour me l'annoncer !

– Ah non ! Je voulais te le dire en face et voir ta tête ! Ça fait quoi d'être grand-père de labo ?

– Je suis content… mais tu sais, je le savais déjà… elle a accouché dans un hôpital avec sa carte médicale !!

– Et tu ne m'as même pas téléphoné pour me le dire !

– Je savais bien que tu serais au courant via le net !

– Bon, un partout !

– Mais je vois que cette nouvelle t'a donné un coup de fouet.

– Oui, Gildas, et sais-tu pourquoi ?

– Évidemment, pour la rencontre avec ton clone, n'est-ce pas ?

– Exactement.

– Je n'ai pas oublié, je prépare d'ailleurs cet entretien très scrupuleusement, mais le bébé est venu un peu en avance, le 26 juillet au lieu du 13 août.

– Parfait, comme cela tu peux tout organiser et inviter Célia pour le 23 août, le jour de ton anniversaire.

– C'est une possibilité.

– Tu sais Gildas, je crois très sérieusement qu'il ne faut plus tarder si tu veux que cette rencontre ait lieu.

– Donc retenons le 23 août, j'enverrai un mail à Célia dans la semaine. »

Quelques jours après notre déjeuner, je contacte, comme convenu, Célia. Je me présente comme étant le plongeur qui lui a vendu un ordinateur sur le bateau de plongée quelques années auparavant. Je lui exprime le souhait de la rencontrer en présence de son conjoint si possible, car j'ai quelque chose de très important à lui dire. Comme je passe par son site Internet, elle ne se pose pas trop de questions puisqu'elle y indique être actuellement en métropole, et ce jusqu'en octobre. Au contraire, cette demande inattendue semble l'amuser.

Nous fixons un rendez-vous – selon la volonté de Maman – pour le 23 août à 14 h dans un salon de thé près de Dijon, puisqu'ils se trouvent dans cette région. L'endroit est plutôt spacieux, ce qui permet de pouvoir discuter tranquillement. J'arrive à 13 h 50, je choisis judicieusement une table isolée des autres. Le couple, que j'attendais, franchit la porte à 14 h 05, Alban tient un couffin à bout de bras. Célia regarde dans ma direction, je lui fais un petit signe de la main. Je suis anxieux, comme jamais je ne l'ai été. Aucun passage d'examen ne m'a autant flanqué le trac. Je suis mort de peur, tétanisé ! Je tente de faire comme si de rien n'était et les invite à s'asseoir, puis à choisir leurs boissons. Célia prend un thé à la menthe et Alban un café comme moi. En attendant d'être servis, nous évoquons de brefs souvenirs concernant ma croisière sur le *Raviveli*. Alban s'empresse de me préciser que maintenant ils ont leur propre bateau l'*Acqua Paradisio*. Je dis que je suis au courant puisque c'est mentionné sur le site de Célia, mais je lui pose tout de même quelques questions concernant cette acquisition !

Une fois servis, Célia m'interroge en souriant pour savoir quelle est "la chose importante" à lui dire. Je prends alors une grande bouffée d'air et je me lance. J'ai répété mot à mot des dizaines de fois mon exposé. Je devais respecter certaines étapes, rester prudent et avancer pas à pas.

J'ai commencé par me présenter, puis j'ai raconté toute l'histoire sans mentionner de dates, à savoir : mes parents sont des gens formidables, pourtant ma mère s'est toujours posé la question de savoir quelle serait sa vie sans cette timidité maladive, j'ai donc offert un clone à ma mère le jour de ses 50 ans, un clone non timide, etc.... Célia trouve l'histoire fantastique jusqu'au moment où j'annonce que ce clone est né le 21 mars 2026 à 12 h 45... Je lis de l'inquiétude dans les yeux d'Alban et un peu de frayeur dans le regard de Célia. Je tente donc de poursuivre pour les rassurer sur l'état de santé de Célia, d'une part, et sur celle de leur progéniture, d'autre part. Célia me demande : « Si tout cela est vrai, pourquoi me le dire maintenant ? » J'explique que j'ai 62 ans aujourd'hui même, qu'à partir du moment où un enfant est né, je ne pourrai pas assumer "le service après-fabrication" des générations futures du clone de ma mère. Célia réfléchit et reste silencieuse quelques instants. Je lui explique à nouveau le pourquoi de cette expérience, je lui rappelle qu'à sa naissance, elle a remplacé un bébé défunt et que sa présence a rendu une famille heureuse. J'essaie de lui montrer combien son histoire est belle, extraordinaire et unique. Célia m'offre la plus magnifique des réactions en me remerciant d'avoir attendu qu'elle soit maman pour lui dire tout cela. Nous poursuivons longuement nos échanges, je réponds à toutes leurs questions. Alban reste béat. Il savait qu'il était tombé sur un numéro spécial, mais il ne pouvait pas imaginer à quel point !

Comme tout se passe formidablement bien, je leur demande s'ils sont d'accord pour rencontrer ma mère, mon père et ma sœur. Célia répond spontanément par l'affirmative. J'appelle Marielle et lui dit qu'ils peuvent venir tous les trois.

Un quart d'heure plus tard, ils franchissent la porte du salon de thé. Maman a un album photo à la main, Papa tient un énorme bouquet de fleurs et Marielle porte un gros cadeau de naissance.

Les présentations faites, les questions fusent à nouveau. Marielle demande à Célia si l'accouchement s'est bien passé. Célia lui répond courtoisement. Soudain, Marielle réalise qu'elle ignore le prénom du bébé. Maman plus rapide que Célia répond : « Il se prénomme Guillaume. » Un léger froid s'installe… Maman réagit de suite et dit en regardant Célia :

« Je crois qu'il faut que je vous fournisse quelques explications supplémentaires, n'est-ce pas ? »

Célia répond :

« Assurément ! »

– Vous allez sûrement être à la fois très déçue et contente de connaître enfin Fred !

– Non, Fred, c'est vous ? » S'étonne Célia.

Alban lâche ironiquement :

« Alors là, c'est trop fort ! Vous me faites tous peur, maintenant ! »

Puis, il éclate de rire, entraînant avec lui toute la tablée. Maman raconte encore les épisodes avec son ami le docteur Richard. Les échanges sont fantastiques, Célia boit les paroles de Maman. Je suis ému de voir ces deux femmes d'une intelligence subtile communiquer ensemble. Elles fusionnent, elles ne font qu'une… Maman se dévoile, décrit ses fragilités physiques, elle avertit son clone pour la protéger. Célia est subjuguée, Alban est bluffé, le débat est passionnant. Je crois qu'il ne s'arrêtera jamais et soudain, les conversations s'essoufflent. Maman profite de ce moment plus calme, pour prendre la parole, car elle tient à me remercier devant Célia :

« Je voudrais vous dire tout ce que Gildas a fait pour moi. J'ai été en quelque sorte son "cobaye" à deux reprises : une première fois lors de la création de mon clone, donc vous, Célia, la deuxième fois au moment de l'injection faite autour de ma tumeur. Je ne trouve pas les mots suffisamment pertinents pour lui exprimer toute ma gratitude pour le caractère unique et intime de ce cadeau, d'une part, et pour ce bonus de temps de vie, d'autre part.

Ce laps de temps de survie m'a été nécessaire pour répondre de manière complète à ma question existentielle ! »

Maman se tourne vers moi et continue :

« Gildas, tu avais raison, c'était un cadeau atypique, tu as créé une vie avec ses joies et ses peines comme tout un chacun. Quand tu étais petit, je te disais en cachette de Marielle : « *Il y a des millions de mamans qui voudraient avoir un petit garçon comme toi, et c'est moi qui l'ai eu !* » Tu me regardais avec des yeux émerveillés. Tu as créé une vie, tu as réussi à prolonger la mienne. La cerise sur le gâteau, c'est que j'ai pu rencontrer Célia – ce qui était tout à fait inimaginable il y a quelques années. »

Maman regarde à nouveau son clone :

« Célia, je vous souhaite autant de bonheur avec votre fils que j'en ai eu avec le mien. Le choix du prénom m'a surprise, car Gildas aurait dû s'appeler Guillaume. C'est un prénom que j'affectionne tout particulièrement… »

Maman s'adresse maintenant à Papa et à Marielle :

« Albin, tu sais combien, j'ai apprécié la vie à tes côtés et Marielle, tu es une fée du bonheur. Grâce à tout cela, je partirai sereine et je sais que je laisserai mes enfants – et mon clone – heureux sur cette Terre. C'est ce qui m'importe. »

Dignement, Maman a préparé son mari et ses enfants à sa sortie qu'elle présageait proche.

Il est vrai que la substance atteindra bientôt sa date de péremption… Le scientifique que je suis a été maintes fois décoré, mais la plus belle des récompenses a été de pouvoir réunir autour d'une table, ma mère, mon père, ma sœur, le clone de ma mère, son conjoint et leur enfant.

En novembre 2063, Maman entre dans un mutisme effrayant, elle semble avoir du mal à trouver les mots justes et préfère se taire.

Maman décède paisiblement le 12 novembre 2063, avant de partir, elle sourit en disant : « Tiens, nous sommes le 12 novembre, le lendemain de la date anniversaire de l'Armistice de la Première Guerre mondiale, c'est étonnant ! » Elle fait sans aucun doute allusion à son père qui s'est éteint le lendemain des 100 ans de l'Armistice de la Seconde Guerre mondiale !

Par mail, nous annonçons la nouvelle à Célia et Alban. Nous les prions de ne pas venir à l'enterrement de Maman.

Ce couple intelligent et respectueux comprend fort bien notre volonté. Célia m'envoie une longue lettre très touchante. Elle y indique qu'elle tient à garder le contact avec son père de labo, *Papa Gildas* !

ÉPILOGUE

Voilà comment l'histoire se termine. Huit jours avant de mourir Maman m'a demandé : « Si je croise mon père dans le ciel, est-ce que je pourrais tout lui raconter ? »

Je n'ai jamais su, si elle délirait ou si elle me taquinait encore et toujours... jusqu'au bout ! J'ai eu le temps de lui annoncer que la substance que lui avait injectée Christian a été reconnue par l'ordre des médecins et que j'avais été récompensé pour cette trouvaille. Cette substance va permettre à des milliers de personnes ayant développé une tumeur de voir leur vie prolongée d'un lustre... au moins !

Après le décès de Maman, Papa prend la relève des déjeuners des mardis afin que je lui raconte tous les détails de cette aventure. Il me regarde d'un œil nouveau, comme si j'étais devenu un héros !

Ces repas me rapprochent de mon père, et nous soulageons notre peine comme cela, en parlant de la double vie de Maman ! Bien entendu, dès que Célia me donne des nouvelles, j'en informe Papa.

Maman me manque beaucoup, tout de même, mais je respecte sa volonté : je pense à elle uniquement en souriant. Nous avions commencé nos déjeuners les premiers mardis de chaque mois en mai 2026, notre dernier repas a eu lieu le premier mardi du mois de novembre 2063. À raison de onze repas par an – nous n'honorions pas celui de janvier – cela nous fait un total de 414 déjeuners répartis sur trente-sept ans ! Ce manuscrit reprend seulement un à trois repas annuels ; j'y ai mentionné les théories de Maman les plus perspicaces ! De cet ouvrage, j'ai extirpé un bon nombre de détails qui me semblaient superflus. Sans cet allégement, j'aurais pu intituler ce livre la Bible des Huvelle !

Maman ne s'est pas contentée de me donner la vie, elle s'est efforcée de l'enrichir en me confiant ses fameuses théories. Elle s'amusait à dire parfois qu'elle a éduqué ses enfants en veillant à ce qu'ils soient sur le bon chemin et pas forcément sur le droit chemin. Maman m'a tellement apporté. Elle est partie en paix, en ayant répondu à sa question existentielle et en étant soulagée d'avoir pu enfin parler de l'expérience secrète, la *Doppia Vita*, à son mari et à sa fille.

Maman était une femme timide, rare et exemplaire, son clone est une femme non timide et rare !

Telles sont mes conclusions de l'expérience insensée, baptisée la *Doppia Vita*.

Ces déductions n'ont aucun caractère scientifique, elles restent tout à fait personnelles !

TABLE DES MATIÈRES

Imprimé en europe
Dépôt légal janvier 2015

**EDITIONS
LIS MA VIE**
20 avenue Pasteur
L-2310 Luxembourg

www.lismavie.com

Isbn : 9782919779130